DINOSAURIER-FORSCHER

Tiere der Urzeit
in Infografiken

Texte von

CRISTINA BANFI

Illustrationen von

GIULIA DE AMICIS

EINLEITUNG

Du liebst Dinosaurier und bist von *Dinomanie* befallen? Dann bist du hier genau richtig, denn in diesem Buch erfährst du viele Fakten über deine Lieblinge. Schon beim ersten Durchblättern werden einige Vertreter der faszinierenden Fauna, die vor Jahrmillionen unsere Erde beherrschten, aber dann untergingen, wieder zum Leben erweckt. Du fragst dich, wie das gehen soll? Jede Seite steckt voller aktueller Informationen über Aussehen und Leben der Reptilien des Mesozoikums und beflügelt damit unsere Vorstellungskraft. Es geht nicht nur um Zahlen und Fakten, sondern um die Gegenüberstellung verschiedener prähistorischer Tiere und der heutigen Tierwelt. So kannst du leichter verstehen, wie die Dinosaurier tatsächlich waren, was sie fraßen, wie sie sich vermehrten und welche Gewohnheiten sie hatten.

STECKBRIEF EINES DINOSAURIERS

Wir alle kennen Dinosaurier und stellen sie uns meist als große und furchteinflößende Echsen vor, die vor sehr, sehr langer Zeit einmal die Erde beherrschten. Tatsächlich aber waren die Dinosaurier sehr unterschiedlich, was ihre Größe und Gestalt betrifft. Sie lebten über einen sehr langen Zeitraum, den Paläontologen als „Mesozoikum" bezeichnen.

NICHT NUR DINOSAURIER

Die Dinosaurier lebten vor 245–65 Millionen Jahren und sind inzwischen ausgestorben. Aber **nicht alle Tiere des Mesozoikums waren auch Dinosaurier.** Tatsächlich teilten sie die verschiedenen Lebensräume mit vielen Tieren, zu denen Reptilien, Säugetiere, Amphibien und Wirbellose gehörten.

WAS MACHT EINEN DINOSAURIER ZU EINEM DINOSAURIER?

1. Ihr wesentliches gemeinsames Merkmal besteht darin, dass **sie im Mesozoikum gelebt haben.** Tiere, die davor oder danach auf der Erde lebten, waren ganz sicher keine Dinosaurier.

2. **Alle Dinosaurier lebten an Land.** Einige Dinosaurier konnten zwar kurze Strecken schwimmen, lebten jedoch nicht dauerhaft in Meeren, Seen oder Flüssen, wie zum Beispiel Wale. Die riesigen Meeresreptilien des Mesozoikums waren keine Dinosaurier. Auch die flugfähigen Reptilien, die damals die Lüfte beherrschten, waren keine Dinosaurier, sondern Flugsaurier (Pterosaurier).

Keine Dinosaurier waren Tiere, die ...

- Flogen.
- Wie Fische im Wasser lebten.
- Mit eingezogenen Beinen liefen und den Schwanz auf dem Boden hinter sich her schleiften.

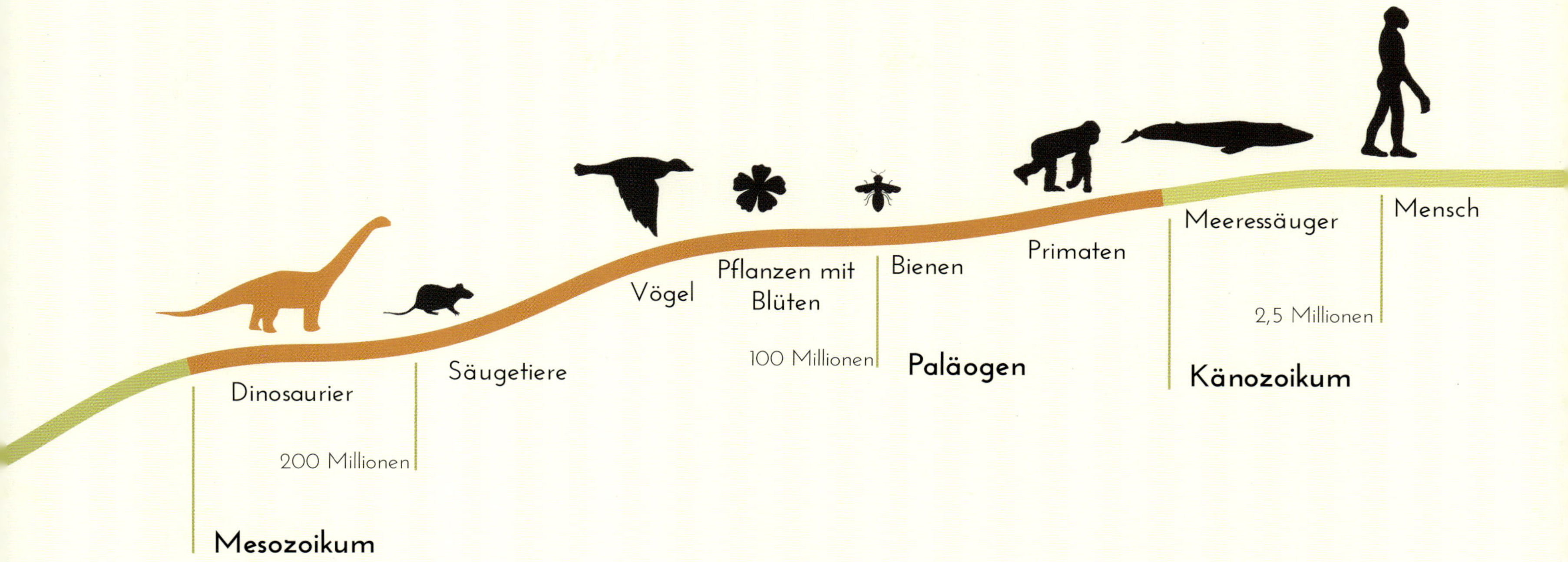

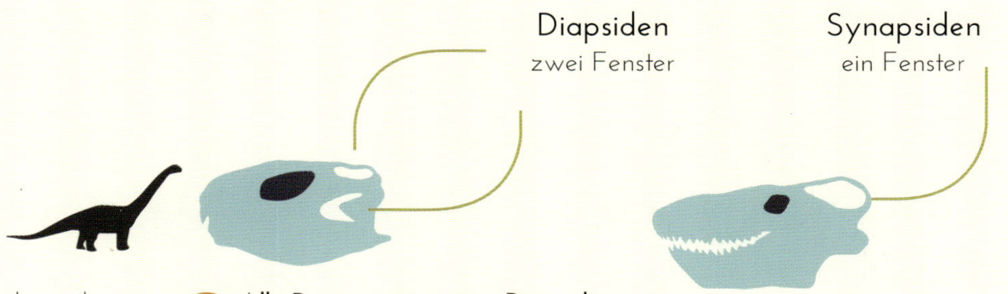

3 Die Dinosaurier waren also Landtiere. Ihre Beine befanden sich direkt unter dem Körper und hielten ihn vom Boden fern. Diese Anpassung hat **Dinosaurier zu hervorragenden Läufern und Sprintern gemacht.** Dies hat höchstwahrscheinlich zu ihrem Erfolg beigetragen und ihre Existenz für eine sehr lange Zeit gesichert. Heute kann man bei Säugetieren und Vögeln eine ähnliche Art der Fortbewegung beobachten.

4 **Alle Dinosaurier waren Diapsiden,** was bedeutet, dass sich zwei Öffnungen (oder Fenster) hinter den Augenhöhlen im Schädel befanden. Diese zwei Löcher machten den Schädel leichter und boten Platz für eine größere Kaumuskulatur. Viele Reptilien waren Synapsiden, das heißt, sie besaßen nur ein Fenster, während wieder andere gar kein Fenster hatten, also Anapsiden waren.

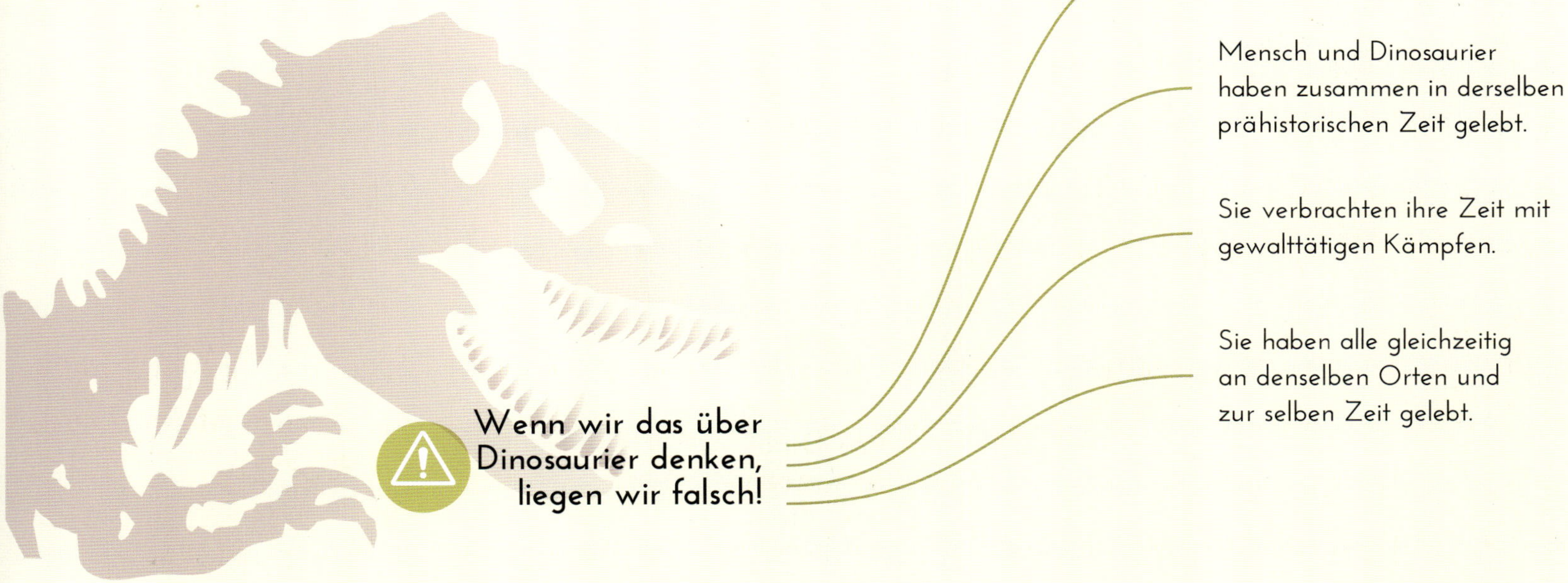

DIE KLASSIFIZIERUNG

Was für ein Dinosaurier ist das?

Die Dinosaurier waren in Form und Größe sehr unterschiedlich. Ihre Unterteilung in einzelne Gruppen ist nicht einfach, vor allem, wenn man bedenkt, dass oft nur wenige fossile Überreste vorliegen. Wissenschaftler müssen daher nach Merkmalen suchen, die verschiedenen Tieren gemeinsam sind, und so mehr oder weniger große Einteilungen bilden. 1888 schlug der englische Paläontologe Harry Seeley eine bis heute gültige Klassifizierung vor. Anhand der Form von Hüft- und Beckenknochen unterteilte er die Dinosaurier in zwei große Gruppen („Ordnungen" genannt) und bezeichnete sie als Vogelbecken- (Ornithischia) und Echsenbeckensaurier (Saurischia).

Stegosaurus

Ankylosaurus

DINOSAURIER ORDNUNGEN

Das Becken besteht aus drei miteinander verbundenen Knochen: Darmbein, Sitzbein und Schambein.

Darmbein

Sitzbein

Schambein

THYREOPHORA

ORNITHISCHIA

ORNITHISCHIA

Bei den Vogelechsensauriern verlaufen Schambein und Sitzbein parallel nach hinten. Das Darmbein befindet sich im oberen Teil der Hüfte und ist meist länglich und schmal. Zu dieser Ordnung gehörten die nicht fleischfressenden Dinosaurier: Diese Beckenform bot dem Dickdarm viel Platz, was für Pflanzenfresser mit ihrer komplexen Verdauung von großer Bedeutung ist.

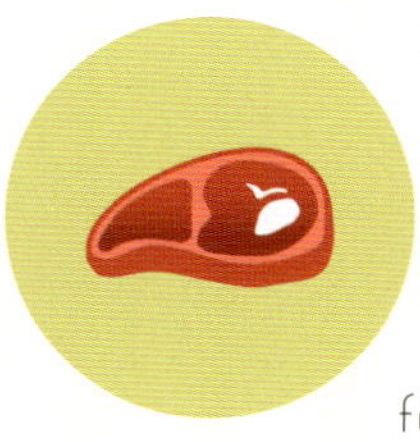

SAURISCHIA

Das nach vorne weisende Schambein der Echsenbeckensaurier ermöglichte diesen Tieren den schnellen Lauf. Diese Dinosaurier waren größtenteils Fleischfresser und mussten deshalb für die Jagd schnell laufen können. Das Darmbein im oberen Hüftteil war breit und flach. An ihm hafteten die kräftigen Beinmuskeln.

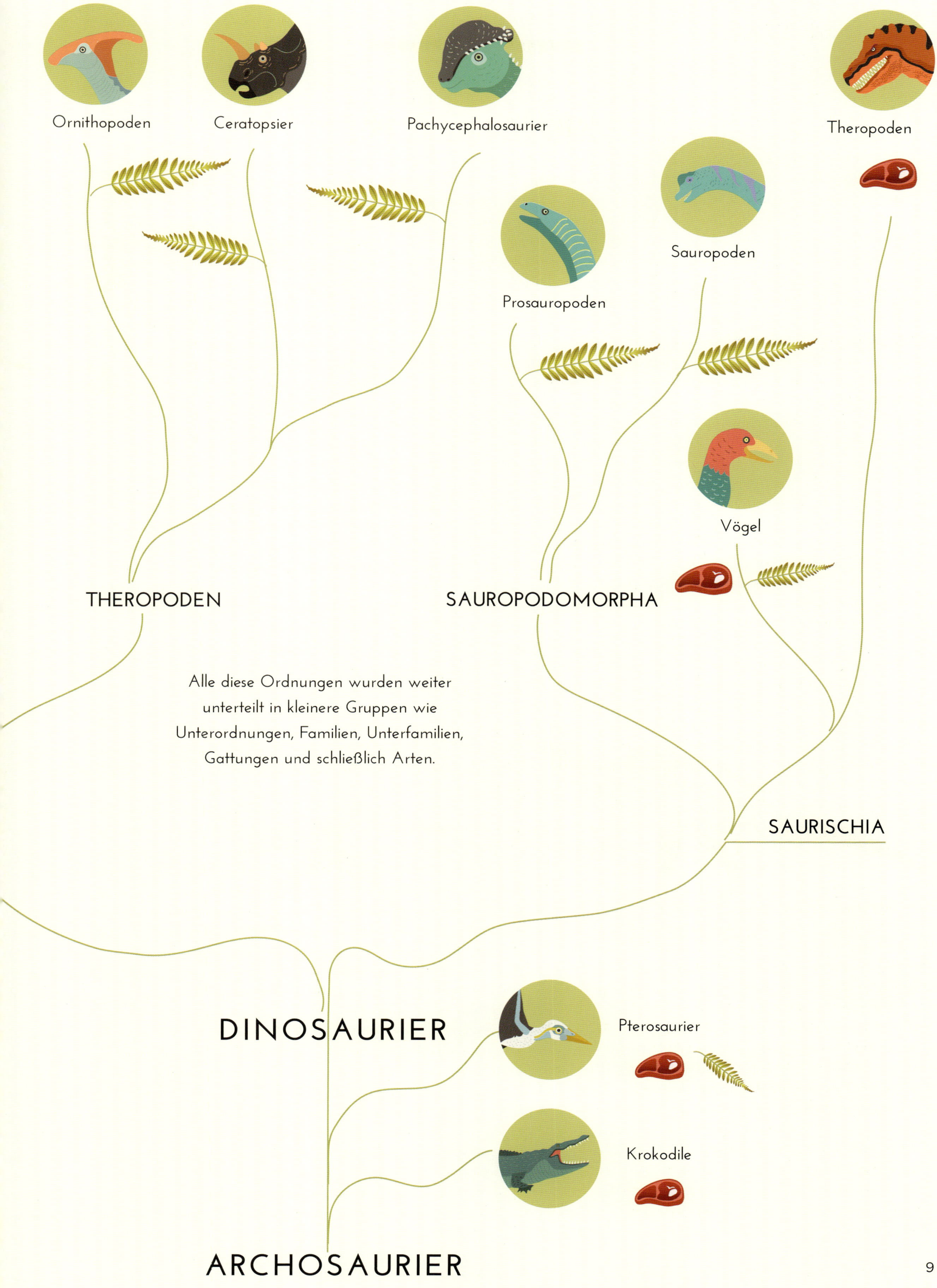

Alle diese Ordnungen wurden weiter unterteilt in kleinere Gruppen wie Unterordnungen, Familien, Unterfamilien, Gattungen und schließlich Arten.

ZU ZEITEN DER DINOS

Wie du sicherlich weißt, existieren heute auf unserer Welt keine Dinosaurier mehr. Sie sind vor 65 Millionen Jahren ausgestorben. Es gab jedoch eine Blütezeit für diese Tiere, in der sie sich vermehrten, alle verfügbaren Lebensräume besetzten und die ökologische Hauptrolle übernahmen. Dieser Zeitraum dauerte 186 Millionen Jahre an und wird von den Paläontologen als MESOZOIKUM bezeichnet.

Das 186 Millionen Jahre andauernde Mesozoikum wurde von den Paläontologen weiter in drei kürzere Perioden unterteilt: **Trias, Jura und Kreide.**

TRIAS

TRIAS

Sie dauert 51 Millionen Jahre und beginnt mit einem Aussterben größeren Ausmaßes, vielleicht dem größten, das es je gegeben hat. Auf der Erde gibt es fast kein Leben mehr: 96 Prozent der Meerestiere und 70 Prozent der Landwirbeltiere verschwinden.

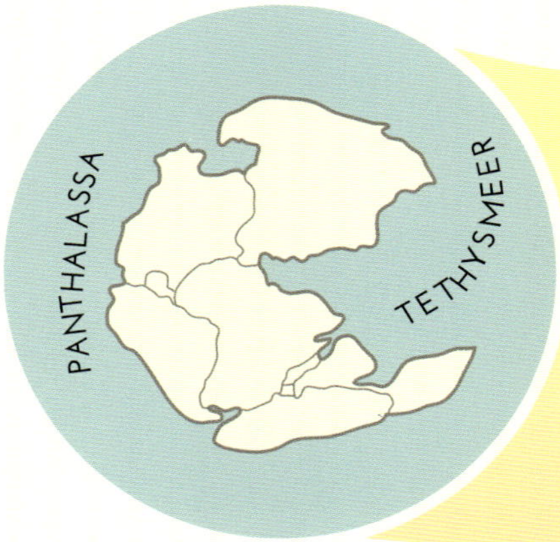

Untere Trias

Das gesamte Festland besteht aus einem Superkontinent, der **Pangaea**, die von einem riesigen Ozean, der **Panthalassa,** umgeben ist.

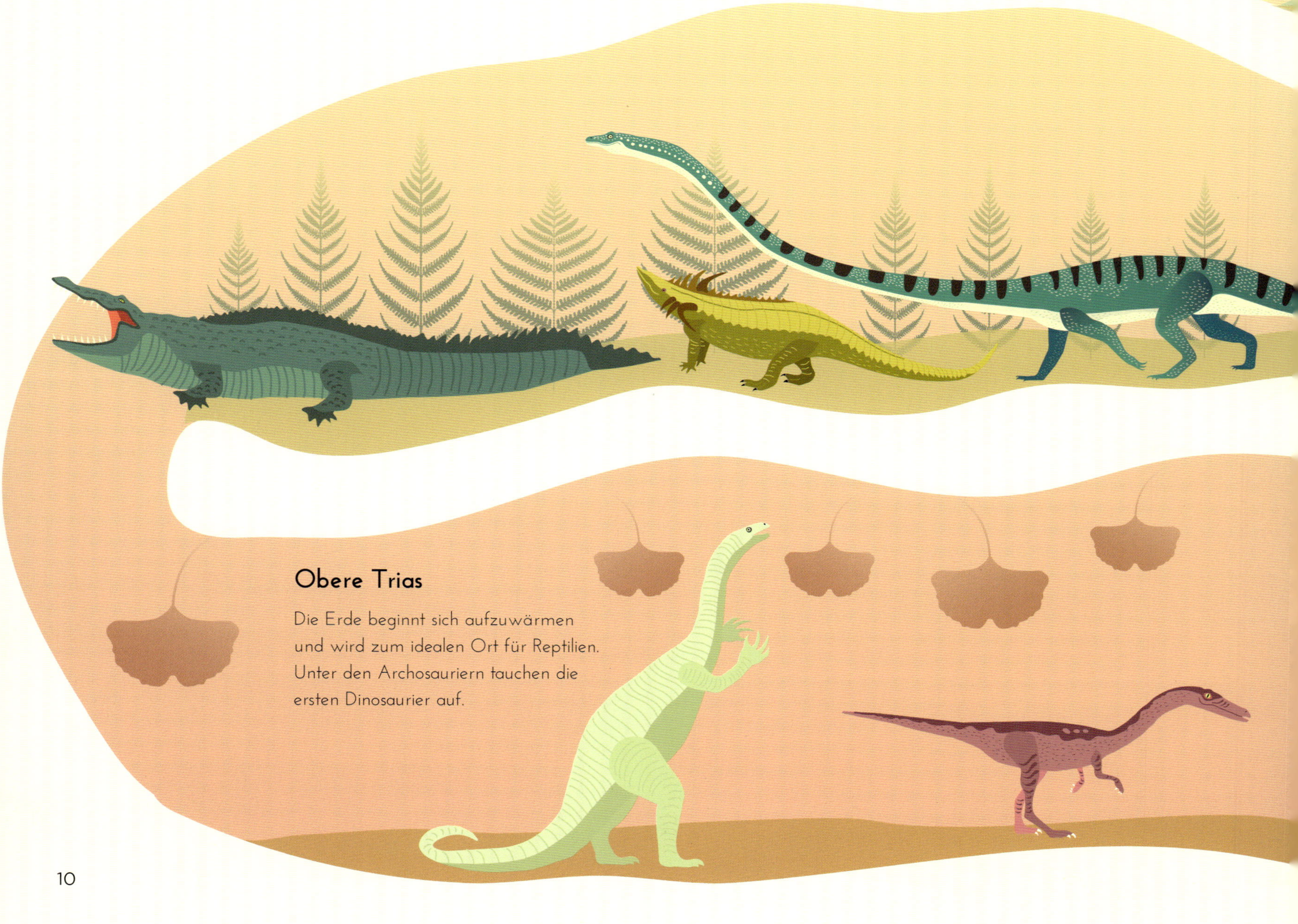

Obere Trias

Die Erde beginnt sich aufzuwärmen und wird zum idealen Ort für Reptilien. Unter den Archosauriern tauchen die ersten Dinosaurier auf.

MESOZOIKUM

Dauer 186 Millionen Jahre

vor 251 MJ	Trias	vor 204 MJ	Jura	vor 146 MJ	Kreide	vor 65 MJ

MJ = Millionen Jahren

Kaum zu glauben: Die in der Trias lebenden Dinosaurier, wie der pflanzenfressende Plateosaurus, waren zeitlich weiter vom fleischfressenden T-Rex (*Tyrannosaurus Rex*) entfernt als letzterer von uns Menschen!

Im Inneren ist die Pangaea sehr trocken und wüstenähnlich, weil die Meereswinde mit ihren regenreichen Wolken nicht so weit nach innen vordringen können.

Zu dieser Zeit entwickeln sich primitive Amphibien zu sehr großen Raubtieren.

Mittlere Trias

Der Superkontinent Pangaea zerbricht und beginnt auseinanderzudriften. Das Tethysmeer entsteht. Auf dem Land entwickeln sich viele Insekten und im Meer leben Algen, Korallen und Schwämme.

Gegen Ende dieses Zeitraums sterben infolge eines Klimawandels ein Drittel der Meerestiere und die meisten großen Amphibien.

JURA

Auch der Jura beginnt mit einem Aussterben und erlebt eine immer wärmer werdende Erde. Dieses Zeitalter dauert 55 Millionen Jahre.

Unterjura

Das Klima bleibt warm und mild. Die Archosaurier beherrschen die Erde. Die ersten Säugetiere tauchen auf, aber sie bleiben klein und besetzen die wenigen verbliebenen Nischen, in denen es keine Reptilien gibt.

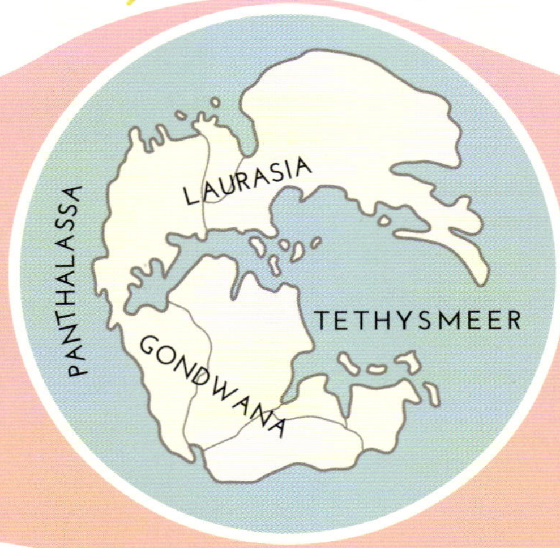

Mitteljura

Pangaea ist nun endgültig in zwei Kontinente zerbrochen: **Laurasia** und **Gondwana**.

Unterkreide

Der Meeresspiegel steigt beträchtlich an. Es entstehen immer mehr Meeresarme, die in das Land eindringen und die unermesslichen Waldflächen reduzieren. Diese neue Situation bedroht die großen Sauropoden, die daraufhin aussterben.

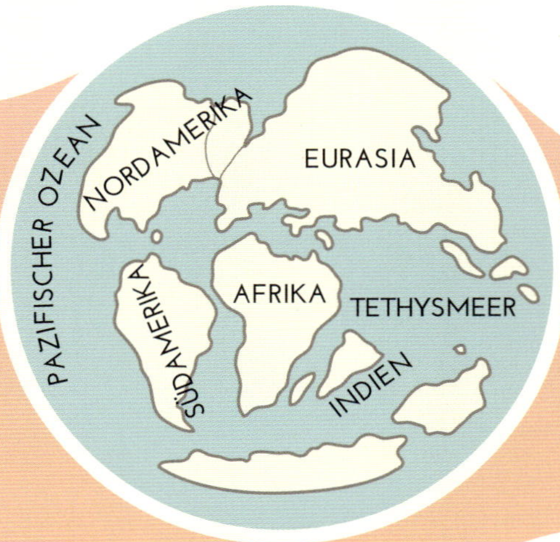

In dieser Periode entstehen die sich abwechselnden Jahreszeiten auf der Erde. Die Pole kühlen sich von Winter zu Winter weiter ab. Blütenpflanzen und sozial lebende Insekten wie Bienen und Ameisen tauchen auf. Säugetiere mit einer Gebärmutter für ihre Fortpflanzung entwickeln sich immer weiter.

KREIDE

Mit einer Dauer von 80 Millionen Jahren ist dies die längste Periode der Epoche. Viele Dinosaurier sind ausgestorben, viele andere Tiere aber, darunter auch die Säugetiere, entwickeln sich weiter zu unterschiedlichsten Arten. Es erscheinen die ersten Vögel mit zahnlosen Schnäbeln.

Die Entwicklung der Dinosaurier hat ihren Höhepunkt erreicht. Doch gleichzeitig ist dies auch ihr Ende, die großen Reptilien sterben aus. Dies wird auch als K-P-Grenze (Kreide-Paläogen-Grenze) bezeichnet.

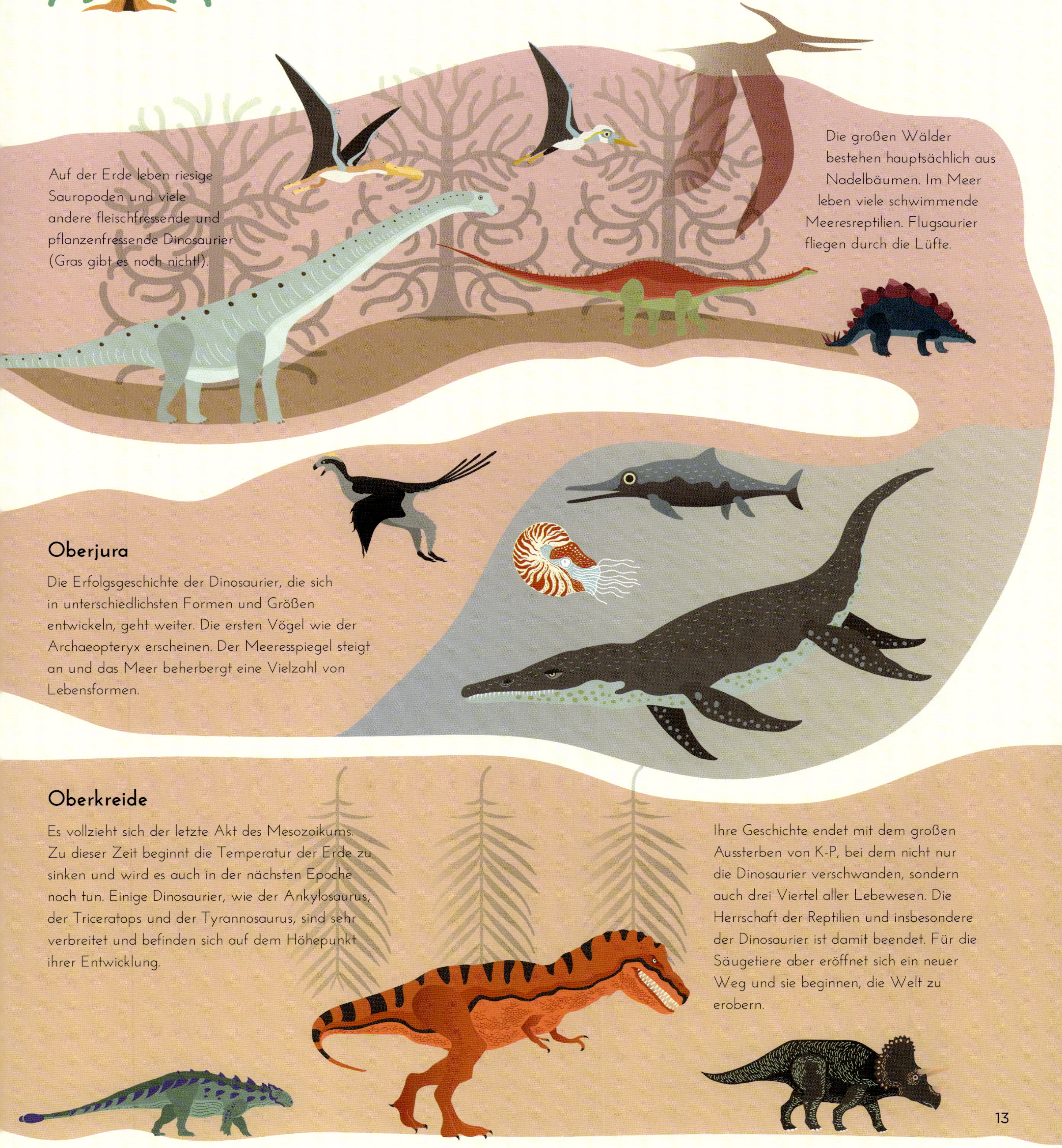

Auf der Erde leben riesige Sauropoden und viele andere fleischfressende und pflanzenfressende Dinosaurier (Gras gibt es noch nicht!).

Die großen Wälder bestehen hauptsächlich aus Nadelbäumen. Im Meer leben viele schwimmende Meeresreptilien. Flugsaurier fliegen durch die Lüfte.

Oberjura

Die Erfolgsgeschichte der Dinosaurier, die sich in unterschiedlichsten Formen und Größen entwickeln, geht weiter. Die ersten Vögel wie der Archaeopteryx erscheinen. Der Meeresspiegel steigt an und das Meer beherbergt eine Vielzahl von Lebensformen.

Oberkreide

Es vollzieht sich der letzte Akt des Mesozoikums. Zu dieser Zeit beginnt die Temperatur der Erde zu sinken und wird es auch in der nächsten Epoche noch tun. Einige Dinosaurier, wie der Ankylosaurus, der Triceratops und der Tyrannosaurus, sind sehr verbreitet und befinden sich auf dem Höhepunkt ihrer Entwicklung.

Ihre Geschichte endet mit dem großen Aussterben von K-P, bei dem nicht nur die Dinosaurier verschwanden, sondern auch drei Viertel aller Lebewesen. Die Herrschaft der Reptilien und insbesondere der Dinosaurier ist damit beendet. Für die Säugetiere aber eröffnet sich ein neuer Weg und sie beginnen, die Welt zu erobern.

DAS GROSSE AUSSTERBEN

Die letzten Dinosaurier verschwanden vor 65 Millionen Jahren. Die Gründe sind noch nicht vollständig geklärt. Es gibt viele Theorien und plausible Erklärungsversuche. Wahrscheinlich führten mehrere Faktoren und Ereignisse dazu, dass unser Planet nicht mehr die Bedingungen für ihr Überleben bot.

Um welche Faktoren handelte es sich? Es können nur Vermutungen angestellt werden ...

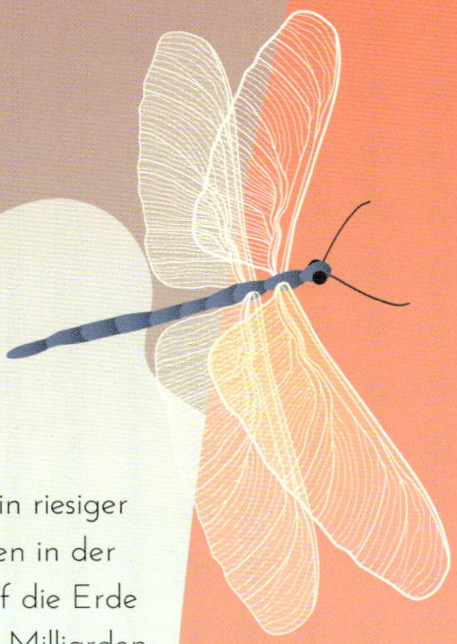

EIN METEORITEN-EINSCHLAG

Es gibt Hinweise darauf, dass ein riesiger Meteorit vor 65 Millionen Jahren in der Nähe des Golfs von Mexiko auf die Erde stürzte. Der Aufprall könnte 70 Milliarden Tonnen Staub und Ablagerungen in die Atmosphäre befördert haben, sodass für lange Zeit kein Sonnenlicht mehr auf die Erde traf. Es blieb monate-, wenn nicht sogar jahrelang kalt und dunkel (die Temperaturen fielen um 16 °C). Der Planet war fast überall eisbedeckt und ohne Sonne konnten die Pflanzen keine Fotosynthese betreiben, wodurch viele starben. Zuerst verhungerten daraufhin die Pflanzenfresser und schließlich auch die Fleischfresser.

DIE VERÄNDERUNG DES KLIMAS

Ereignisse wie der Einschlag eines Meteoriten oder die Entstehung neuer Kontinente veränderten die klimatischen Bedingungen auf der Erde entweder plötzlich oder wie im zweiten Fall viel langsamer. Doch das neue Klima war für die Dinosaurier nicht mehr geeignet.

KATASTROPHALE GEOLOGISCHE EREIGNISSE

Gegen Ende des Mesozoikums war die Erde von einer lang anhaltenden geologischen Instabilität mit starken Erdbeben und heftigen Vulkanausbrüchen betroffen. Große Mengen an Asche und Gas könnten in der Luft freigesetzt worden sein, sodass die Tiere kaum noch atmen konnten.

ENTSTEHUNG NEUER TIERE UND LEBENSRÄUME

Die Entstehung von Blütenpflanzen hat zu großen Ungleichgewichten in der Nahrungskette geführt: Die Bäume verloren im Winter ihre Blätter und verursachten den Hungertod vieler Dinosaurier.

DINOS IM RÖNTGENBILD

Die Überreste der Dinosaurier bestehen im Allgemeinen aus den harten Körperteilen, die der Zersetzung widerstanden haben und durch Mineralisierung zu Fossilien geworden sind.

Das sind vor allem Knochen, Krallen und Hörner. Um sich ein Bild von den fehlenden Organen zu machen, erforschen Wissenschaftler die der heute lebenden Tiere, die wie Vögel oder Krokodile den Dinosauriern am ähnlichsten sind.

1 Knochen

2 Krallen

3 Hörner

Was bleibt von einem Dinosaurier?

DAS HERZ

Der Blutkreislauf wurde vom Herz angetrieben, das unablässig Blut durch den Körper pumpte. Seine Größe war von der Größe des Dinosauriers abhängig.

Das Herz des T-Rex muss aufgrund seiner Ausmaße etwa zehnmal größer gewesen sein als das des Menschen.

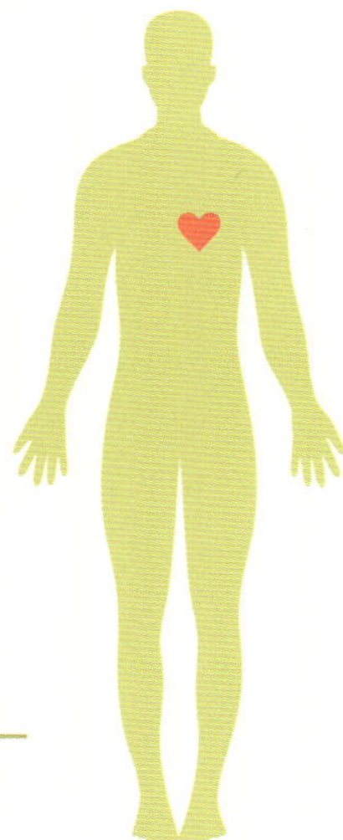

Säugetiere und Vögel haben ein Herz, das aus zwei vollständig voneinander getrennten Ventrikel-Atrium-Paaren besteht, die eine effektive Doppelpumpe bilden und ein sehr aktives Leben ermöglichen. Was für ein Herz hatten die Dinosaurier? Paläontologen zufolge hatten die meisten von ihnen ein Herz, das dem der Vögel ähnlich war.

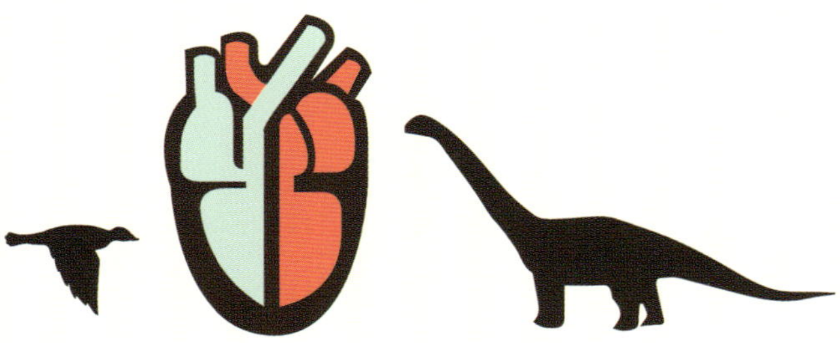

Die größeren Sauropoden müssen ein großes, kräftiges Herz gehabt haben, das mindestens 400 Kilogramm wog.

DIE LUNGEN

Für die kraftraubende Jagd benötigten die fleischfressenden Dinosaurier eine effektive Atmung, um so mit ausreichend Sauerstoff versorgt zu werden. Wie bei unseren Vögeln wurde die eingeatmete Luft bei großen Raubtieren wie dem T-Rex direkt aus der Lunge in ein komplexes Netz von Luftsäcken geführt. Dieses System garantierte mit jedem Atemzug eine größtmögliche Sauerstoffzufuhr.

DAS GEHIRN

Die Art, wie ein Tier lebt und sich in seiner Umwelt bewegt, hängt sehr stark von Form und Größe seines Gehirns ab. Das gilt auch für einen Dinosaurier. Sein Gehirn war im Allgemeinen viel kleiner als das der Säugetiere oder Vögel gleicher Größe. Deshalb galten sie lange Zeit als dumm.
Die Spuren, die die Dinosaurier hinterlassen haben, deuten jedoch darauf hin, dass es sich um Tiere handelte, die über ein soziales Leben verfügten und ihre Nachkommen pflegten.

Gehirne von Raubtieren müssen verhältnismäßig groß sein, um Jagdstrategien entwickeln zu können. Heute geht man davon aus, dass das Gehirn eines fleischfressenden Dinosauriers weitestgehend dem heutiger Reptilien derselben Größe entsprach.

Eine Ausnahme bildet das **Troodon**, das für seine Körpermaße ein sehr großes Gehirn besaß. Das legt die Vermutung nahe, dass es über eine ähnlich überdurchschnittliche Intelligenz verfügte wie einige unserer heutigen Vögel, beispielsweise Amsel oder Elster.

MAGEN UND DARM

Das Verdauungssystem eines Dinosauriers muss, je nachdem, ob er ein Fleisch- oder ein Pflanzenfresser war, sehr unterschiedlich gewesen sein.

PFLANZLICHE KOST

Um ausreichend Laub und Pflanzen aufnehmen zu können, war der Magen sehr voluminös. Dieser große „Beutel" musste schnell gefüllt werden, um so die Versorgung mit der größtmöglichen Menge an Nährstoffen zu gewährleisten.

Einige Dinosaurier verschluckten, wie auch heutige pflanzenfressende Vögel und Krokodile, Steine (sogenannte „Gastrolithen"), um den Verdauungsvorgang im Magen zu erleichtern. Die kraftvolle Muskulatur der Magenwände wälzte die Steine im Magen umher, wodurch das Pflanzenmaterial zerkleinert wurde.

Es wird vermutet, dass pflanzenfressende Dinosaurier einen sehr langen Darm hatten, um eine langwierige Verdauung zu ermöglichen: Pflanzen bestehen hauptsächlich aus Zellulose, einem schwer verdaulichen Nährstoff.

FLEISCHLICHE KOST

Da Fleisch ziemlich schnell verdaut wird und nicht viele Phasen durchlaufen muss, war das Verdauungssystem bei Fleischfressern wahrscheinlich viel einfacher.
Der im Vergleich zum Pflanzenfresser vergleichbar kurze Darm befand sich vollständig unter dem Becken und stellte beim Rennen kein Hindernis für die Bewegung dar.

DIE SINNE: SEHEN, RIECHEN, HÖREN

Die Erkenntnisse der Paläontologen bezüglich der Fähigkeiten der Dinosaurier, ihre Sinne zu nutzen, leiten sich vor allem aus der Untersuchung ihres Schädels und insbesondere des Abdrucks ab, den ihr Gehirn auf der inneren Knochenwand hinterlassen hat.

DER SEHSINN

Bezüglich des Sehsinns konnten wesentliche Unterschiede zwischen fleisch- und pflanzenfressenden Arten festgestellt werden: Bei Pflanzenfressern befanden sich die Augen an den Seiten des Kopfes, um ein breiteres Sichtfeld zu haben, typisch für ein Beutetier, das während der Nahrungsaufnahme Raubtiere, die sich möglicherweise von hinten näherten, so früh wie möglich erkennen sollte.

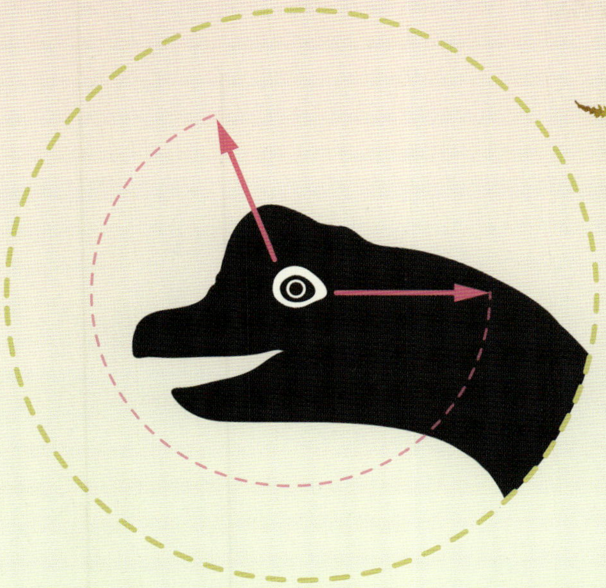

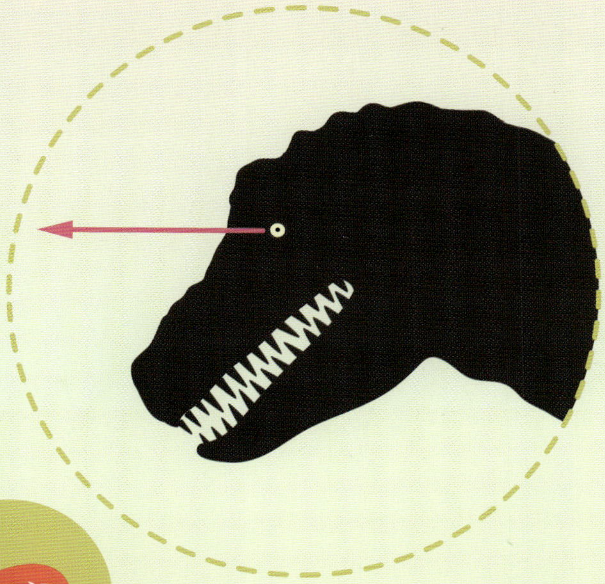

Unter den Fleischfressern besaßen einige Dinosaurier relativ große, nach vorne gerichtete Augen, die ein besseres räumliches Sehen ermöglichten. So konnten sie die Entfernung zur Beute relativ genau abschätzen und die Geschwindigkeit ihres Angriffs entsprechend anpassen.

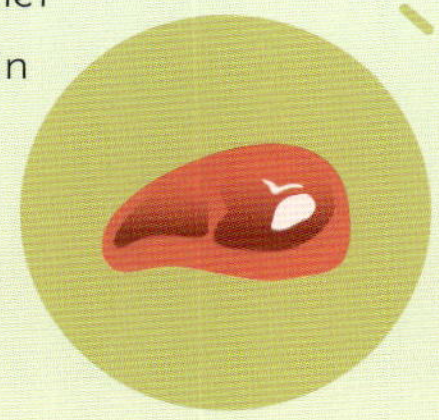

DER GERUCHSSINN

Die Riechlappen (der Teil des Gehirns, der für den Geruchssinn verantwortlich ist) war relativ groß, was darauf hinweist, dass der Geruchssinn für die Tiere bei der Nahrungssuche und der Identifizierung von Artgenossen von besonderer Bedeutung war.

DER HÖRSINN

Es ist wenig darüber bekannt, wie Dinosaurier hörten. Wie die heutigen Reptilien und Vögel besaßen sie keine Ohrmuscheln, nur Mittel- und Innenohr waren vorhanden.

Die kleineren hörten wahrscheinlich auch Geräusche mit hohen Frequenzen wie Hunde und Delfine. Die größeren hörten wohl auch Infraschall, wie auch Elefanten und Wale, und konnten so auch über größere Distanzen kommunizieren.

GROßE UND KLEINE
GEWICHTE UND MAßE

Bei dem Wort „Dinosaurier" denkst du bestimmt sofort an furchterregende Reptilien mit riesigen Körpern und einem Gewicht, das den Boden bei jedem Schritt erbeben lässt. Es lebten tatsächlich kolossale Dinosaurier auf unserem Planeten, doch viele andere hatten Ausmaße, die denen der bekanntesten Tiere von heute sehr nahe kommen.

Wer war der größte? Und wer der kleinste? Wer wog am meisten? Die Antworten sind gar nicht so einfach ...

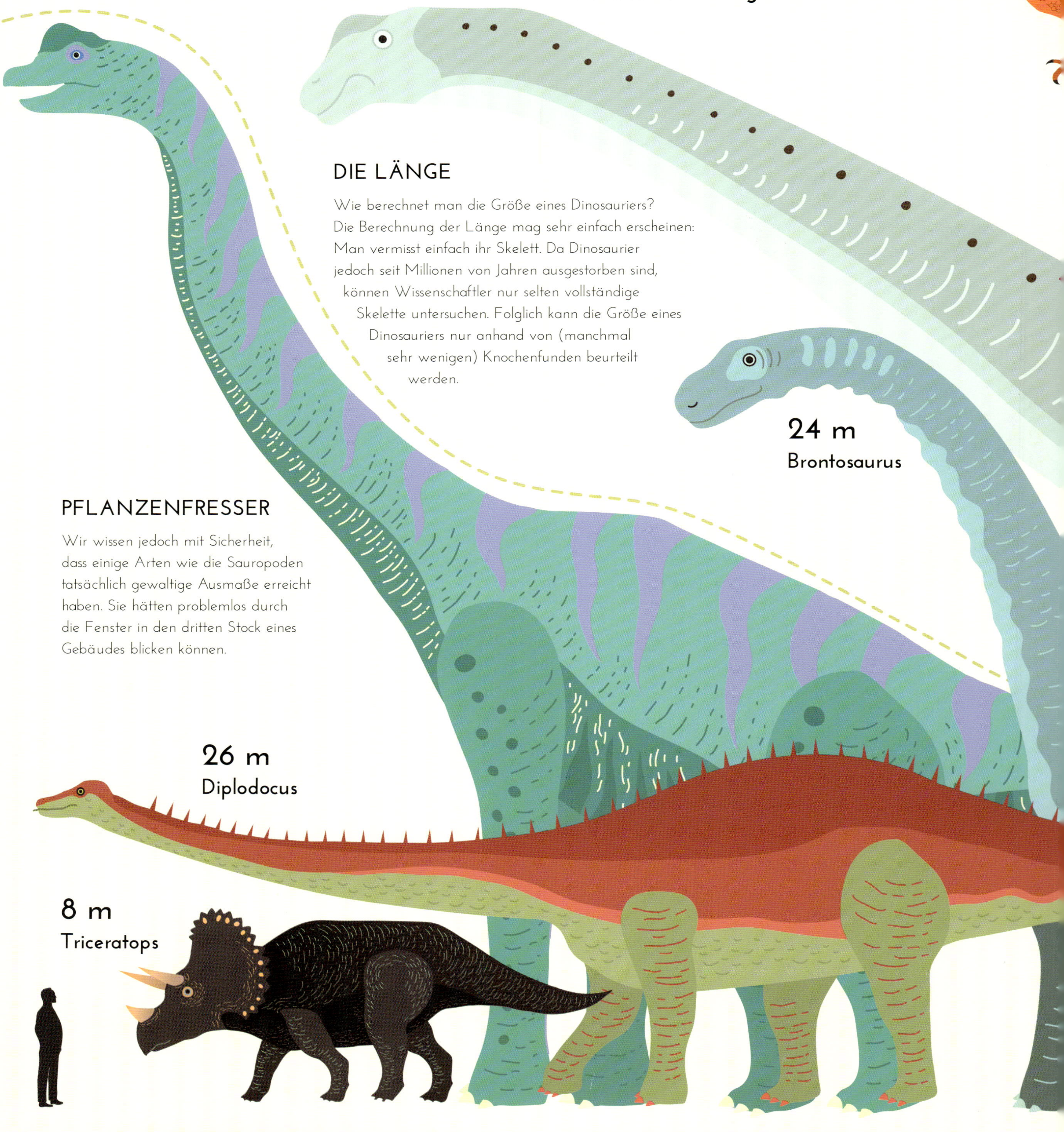

DIE LÄNGE

Wie berechnet man die Größe eines Dinosauriers? Die Berechnung der Länge mag sehr einfach erscheinen: Man vermisst einfach ihr Skelett. Da Dinosaurier jedoch seit Millionen von Jahren ausgestorben sind, können Wissenschaftler nur selten vollständige Skelette untersuchen. Folglich kann die Größe eines Dinosauriers nur anhand von (manchmal sehr wenigen) Knochenfunden beurteilt werden.

PFLANZENFRESSER

Wir wissen jedoch mit Sicherheit, dass einige Arten wie die Sauropoden tatsächlich gewaltige Ausmaße erreicht haben. Sie hätten problemlos durch die Fenster in den dritten Stock eines Gebäudes blicken können.

FLEISCHFRESSER

Mit zunehmender Größe der Beutetiere entwickelten auch die Raubtiere beeindruckende Ausmaße. Denn sie mussten groß genug sein, um diese Riesen angreifen und erlegen zu können.

Unter den Dinosauriern befanden sich jedoch auch „Zwerge" wie der Epidexipteryx und der Parvicursor, der als der kleinste bisher bekannte Dinosaurier gilt.

DAS GEWICHT

Das Gewicht kann nur mittels mathematischer Berechnungen geschätzt werden. Als Grundlage dazu dient die Länge bestimmter Knochen, beispielsweise des Oberschenkelknochens. Die Paläontologen gehen schon davon aus, dass die auf den vorangegangenen Seiten erwähnten Sauropoden etwa 70 Tonnen, also halb so viel wie ein Blauwal, wogen. Letzterer lebt jedoch im Meer, wo das Salzwasser bekanntlich einen Großteil seines Gewichts trägt.

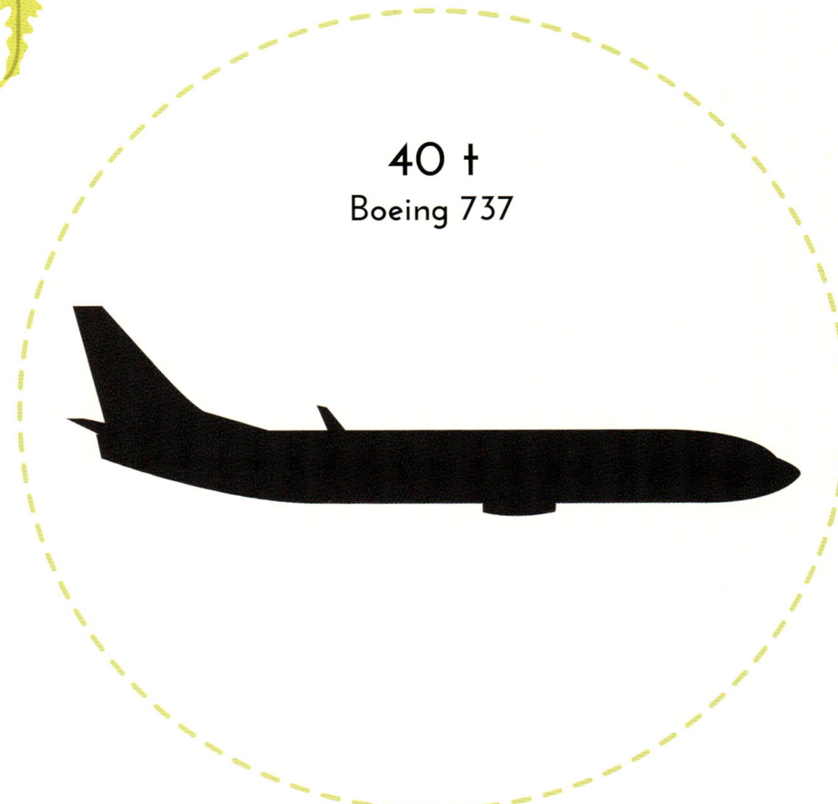

50 t
Argentinosaurus

70 t
Lingwulong shenqi

DAS GEBISS
ZAHN UM ZAHN

Anhand der Zähne eines Tieres können wir erkennen, welche Nahrung es zu sich nimmt, wie es sie verarbeitet und ob sie gekaut oder im Ganzen verschlungen wird. Dinosaurier sind da keine Ausnahme.

Auch bei diesen Reptilien bestimmte die Art der Nahrung Form und Anzahl der Zähne, während ihre Größe einfach nur davon abhing, wie groß das Tier selbst war, dem sie gehörten.

Es gab aber auch völlig zahnlose Dinosaurier, die bei den Paläontologen Unsicherheit über deren Ernährungsgewohnheiten auslöste. Andere besaßen anstelle der Zähne einen steifen und scharfen Schnabel, mit dem sie Blätter und Pflanzenteile problemlos zerschneiden konnten.

LÖFFEL-, SPACHTELFORM

19 cm

Camarasaurus

MANDEL-, PFLOCKFORM

19 cm

Diplodocus

BLATTFORM

10 cm

Plateosaurus

NAGELFORM

12 cm

Spinosaurus

KLINGENFORM

8 cm

Allosaurus

Dinosaurier bekamen in regelmäßigen Abständen neue Zähne: Zähne, die abgenutzt oder abgebrochen waren, wurden immer wieder durch neue und sehr scharfe Zähne ersetzt.
Da es auf der Erde so viele Arten von Dinosauriern gab, die sich in Form und Größe unterschieden, finden wir auch unter den Zähnen eine große Vielfalt.

Bei einigen Arten wuchsen nur wenige Zähne einzeln aus dem Zahnfleisch, bei anderen waren sie zahlreich und in langen Reihen hintereinander angeordnet, ähnlich den Sitzen in einem Theater. Manche hatten ihre Zähne nur im hinteren Maulbereich, andere nur im vorderen.

FLEISCH-FRESSER

Raubdinosaurier wie die Theropoden besaßen **spitze Zähne**: Einige waren gerade, andere gekrümmt; sehr oft war der Rand gezackt, um das Beutefleisch leichter zerreißen zu können. Die fleischfressenden Dinosaurier konnten nicht kauen: Die Zähne dienten nur dazu, das Opfer festzuhalten und in Stücke zu reißen, die sie dann im Ganzen verschluckten, wie es Haie oder Krokodile auch tun.

Die Zähne des T-Rex konnten die Größe einer Banane erreichen. Es waren 50–60 und sie hatten je nach Position eine andere Funktion: Die vorderen ergriffen und hielten die Beute fest, die seitlichen rissen das Fleisch, das, einmal zerfetzt, von den hinteren Zähnen in den Hals gedrückt wurde.

Kleine kegelförmige und nicht gezackte Zähne weisen stattdessen darauf hin, dass das Tier vorzugsweise von Fischen lebte. Ein Beispiel hierfür ist der Spinosaurus, dessen Zähne denen eines Krokodils ähnelten.

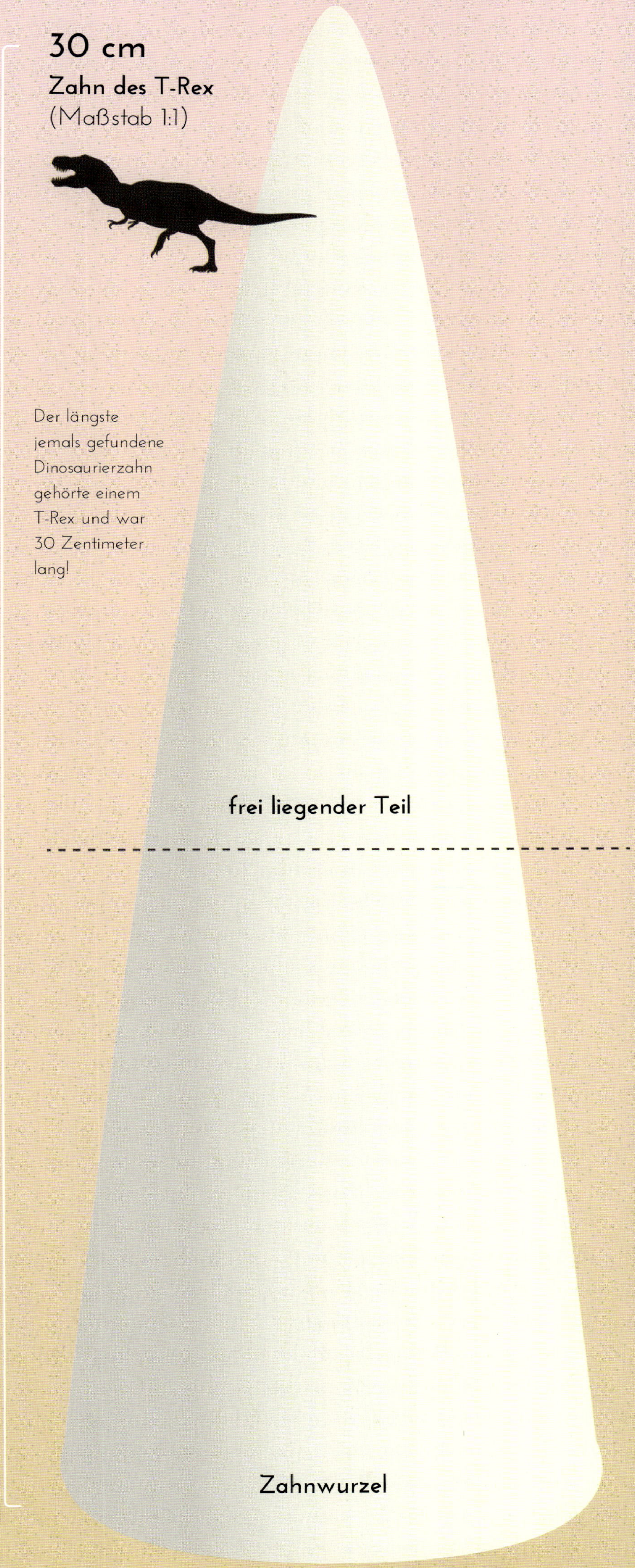

Der längste jemals gefundene Dinosaurierzahn gehörte einem T-Rex und war 30 Zentimeter lang!

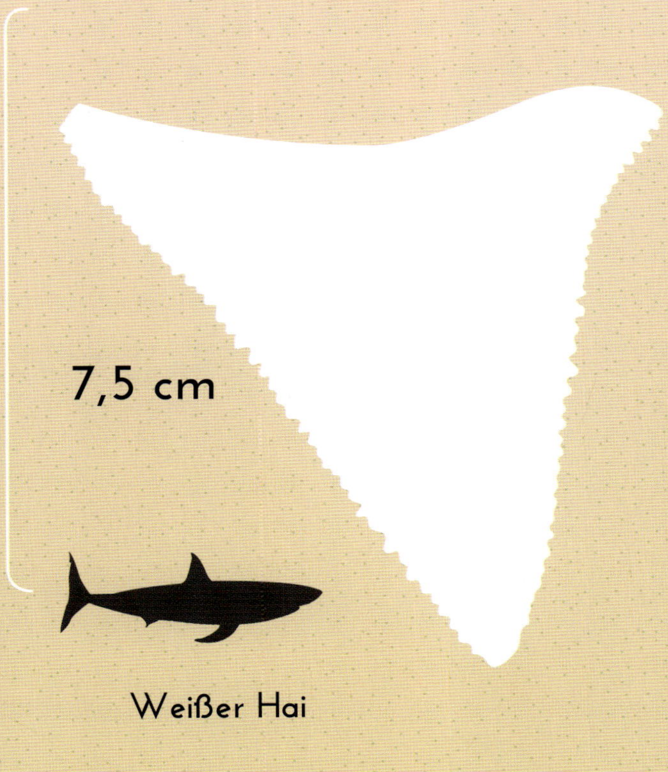

PFLANZEN-FRESSER

Unter den pflanzenfressenden Dinosauriern besaßen viele einen verhornten Schnabel und relativ kleine Zähne. Sie fraßen Pflanzen, kein Gras, denn das gab es auf der Erde noch nicht.

Die Zähne des Triceratops hingegen waren breit und in mehreren Reihen angeordnet. So bildeten sie eine einzige sehr breite Kaufläche. Wenn die Zähne aufeinanderrieben, arbeiteten sie wie ein Mahlstein und hackten die Blätter sehr fein.

Triceratops

Viele pflanzenfressende Dinosaurier, wie die Sauropoden oder auch die Stegosaurier, verwendeten die relativ kleinen, blatt- oder löffelförmigen Zähne nur zum Sammeln der Blätter: Wie mit einer Harke entlaubten sie vorsichtig die Zweige der Bäume.

Stegosaurus

Diplodocus

Wie bei allen Dinosauriern erfolgte beim Diplodocus ein häufiger Zahnwechsel: Vermutlich wuchsen ihm etwa alle 35 Tage neue Zähne nach, beim Camarasaurus dauerte dies mehr als zwei Monate.

Der Hadrosaurier besaß mehr Zähne als jeder andere Dinosaurier: Mit seinen 960 Zähnen kaute er ununterbrochen, indem er mit den oberen Zähnen über die unteren mahlte.

Hadrosaurier

Parasaurolophus

Unter den Vogelechsensauriern hatten die Ornithopoden eine Schnauze in Form eines zahnlosen Entenschnabels, der nur dem Abreißen der Zweige diente. Aus den Wangenknochen wuchsen zahlreiche Zähne, mit denen die Pflanzen schließlich zerkaut wurden.

Die Ornithomimen wie der Gallimimus oder der Struthiomimus ernährten sich nicht nur von Pflanzen, sondern auch von Insekten, kleinen Eidechsen und Säugetieren. Da sie keine Zähne hatten, zermahlten sie die Nahrung zwischen ihren Kiefern, um sie anschließend verdauen zu können.

Gallimimus

DIE VERTEIDIGUNG
STACHEL, PANZER UND CO.

Pflanzenfresser sind innerhalb einer Nahrungskette immer auch potenzielle Beute. Das war auch bei den Dinosauriern nicht anders. Um den Angriff eines Fleischfressers zu überstehen, benötigt ein Beutetier immer Waffen und Verteidigungsstrategien, um die eigene Überlebenschance zu erhöhen.

Einige Arten vertrauten auf ihre Aufmerksamkeit und Schnelligkeit, um zu entkommen, andere lebten, genau wie das Gnu, nach dem Motto „Gemeinsam sind wir stark" in großen Gruppen. Wieder andere verteidigten und schützten sich, indem sie Panzer oder Waffen wie Hörner, Krallen, Keulen und Dornen entwickelten.

PEITSCHEN

Die riesigen Sauropoden waren eigentlich unangreifbar, doch für den unwahrscheinlichen Fall eines Angriffs waren sie mit einem langen Schwanz ausgestattet, der wie eine Peitsche hin- und herschwang. So konnten sie ihre Feinde – vergleichbar mit einem Tigerdompteur – auf Distanz halten.

Der Supersaurus und der Brachiosaurus verteidigten sich mit ihrem starken Schwanz.

SCHUTZPANZER

Sie bestanden aus starken Knochenplatten in verschiedenen Größen, bekannt als „Osteoderme" oder „Schilde", wie sie auch heute noch bei Tieren wie Krokodilen oder Gürteltieren vorkommen.

Oft verfügten die Tiere auch über große Stacheln oder sogar Dornen, manchmal auch an der Schnauze. Meist jedoch befanden sie sich an den Seiten und schützten die empfindlichen Körperteile vor Bissen.

Die **Ankylosaurier** bildeten die bekannteste Gruppe der „gepanzerten" Dinosaurier. Wie „Panzerfahrzeuge" bewegten sie sich mit einer Geschwindigkeit von nicht mehr als 10 Stundenkilometern fort. Unter dem großen Gewicht ihres Panzers, der sie unangreifbar machte, konnten und mussten sie nicht schneller laufen.

Ankylosaurus

Mitteljura

Einzelne Reihen knöcherner Vorsprünge auf dem Rücken

Oberjura

Stacheln oder Platten auf dem Rücken, Stacheln am Schwanz und an den Schultern

Kreide

Stacheln und Platten auf dem Rücken, Dornen am Schwanz und an den Schultern

Schwanzkeule des Ankylosaurus

SCHWANZKEULE

Kein heutiges Reptil hat einen so wehrhaften Schwanz wie der Ankylosaurus. Die riesige Keule befand sich an der Schwanzspitze und bestand aus mehreren Knochen, die zu einem Stück zusammengewachsen waren.

Dank seiner kraftvollen Muskulatur konnte der Ankylosaurus seinen Schwanz horizontal von einer Seite zur anderen schwingen. So konnte das Tier derart kraftvoll zuschlagen, dass er dem Angreifer Knochen brechen und sogar innere tödliche Verletzungen beibringen konnte.

Die dreieckigen Platten des Stegosaurus

Die Stacheln des Kentrosaurus waren 60 cm lang.

STACHELN UND PLATTEN

Viele Dinosaurier, beispielsweise die Stegosaurier, hatten eine doppelte Reihe dreieckiger Knochenplatten auf dem Rücken, die vom Hals bis zum Schwanzende reichten.

Kentrosaurus

Am Schwanz waren dann zwei oder vier Stacheln vorhanden, die bis zu 1 Meter lang sein konnten. Einmal vom Schwanz in Bewegung gesetzt, stellten sie selbst für große Raubtiere eine tödliche Bedrohung dar.

Bajadasaurus

Es gab noch andere Stachelsaurier wie den in Argentinien entdeckten Bajadasaurus (*Bajadasaurus pronuspinax*), ein 10 Meter großer Sauropode. Zum Schutz vor einem Raubtierbiss hatte er am Hals lange nach vorne gerichtete Stacheln, eine Verlängerung seiner Halswirbel.

HÖRNER

Der Triceratops aus der Familie der Ceratopsiden ist wohl der berühmteste gehörnte Dinosaurier. Er hatte sogar drei Hörner. Sie bestanden aus solidem Knochen und wuchsen direkt aus dem Schädel. Die beiden Hörner über seinen Augen waren 1,2 Meter lang und hatten an ihrer dicksten Stelle einen Durchmesser von 30 Zentimetern.

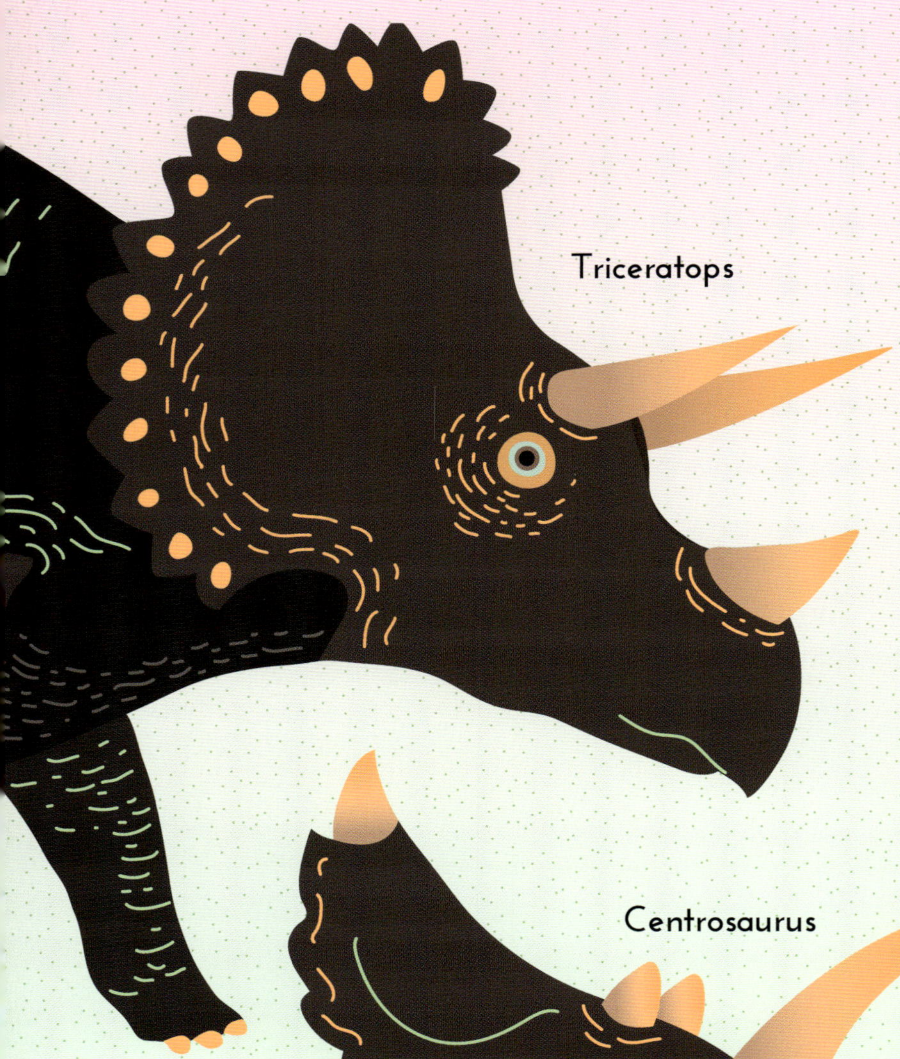

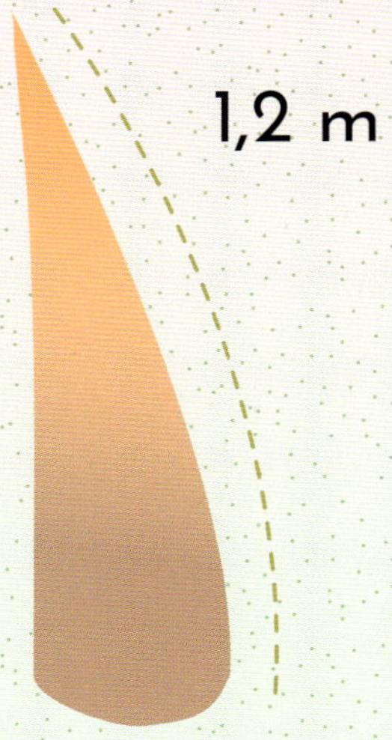

Durch die Hörner hatte der Kopf ein Gewicht von mindestens einer halben Tonne, war aber dennoch ausgesprochen beweglich. So war der Triceratops in der Lage, ihn blitzschnell auf den Angreifer zu richten, um seinen gesamten Körper zu schützen. Mit seiner Kraft hätte er sogar ein Auto durchbohren können!

Der Pentaceratops besaß am Hals ein oft mit Stacheln besetztes Knochenschwungrad, um dieses Körperteil besonders zu schützen. Bei vielen Ceratopsiden hatte das Schwungrad anstelle der Spitzen echte Stacheln.

Die Triceratops verteidigten die Jungtiere ihrer Herde leidenschaftlich. Die stärkeren und größeren Tiere gruppierten sich bei einem Angriff um die kleineren und verwundbareren und richteten ihre langen Hörner gegen ihre Angreifer. Ähnlich machen es heute noch beispielsweise die Moschusochsen, um ihre Jungen vor Wölfen zu schützen.

KRALLEN

Einige Arten besaßen an den vorderen Gliedmaßen besonders große Krallen, die wahrscheinlich dazu dienten, besser an die Nahrung zu gelangen. Die Iguanodontia zum Beispiel waren große, etwa 10 Meter lange Pflanzenfresser, die große Mengen an Blättern vertilgten: Ihr Daumen verfügte über eine übergroße Kralle, mit der sie wahrscheinlich die Zweige niederdrückten. Die Kralle war derart groß und unterschied sich so sehr von denen der anderen Finger, dass sie lange fälschlicherweise für ein Horn gehalten wurde.

Vorstellbar ist aber auch, dass diese ungewöhnliche Kralle auch als eine Art Dolch diente, um einem Angreifer im Nahkampf entgegenzutreten.

Die erstaunlichsten und längsten Krallen allerdings gehörten dem Therizinosaurus, einem außergewöhnlichen Dinosaurier der Kreidezeit. Seine sichelähnlichen Krallen konnten bis zu 1 Meter lang werden und so die Länge eines menschlichen Armes erreichen.

Sie dienten nicht nur zum Sammeln von Blättern, sondern auch der Abwehr von Raubtieren.

DIE HAUT
EINE VERTEIDIGUNGSSTRATEGIE

Unsere Kenntnisse über die Haut der Dinosaurier haben Wissenschaftler aus den seltenen fossilen Überresten abgeleitet, die sie gefunden haben. Hierbei handelt es sich natürlich nicht um die Haut selbst, sondern nur um deren versteinerte Abdrücke.

Die Abdrücke entstanden nur selten, und zwar nur dann, wenn der Körper eines toten Tieres in einer besonders dürren Umgebung austrocknete und mumifiziert wurde, bevor die Fossilisationsprozesse an seinen Überresten einsetzten.

Dinosaurier

Eidechse

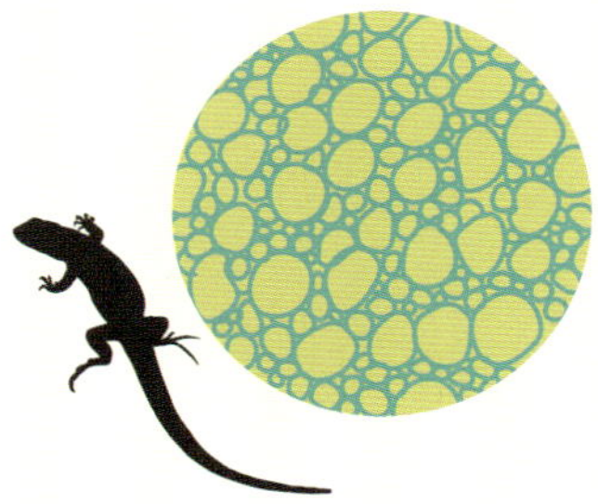

Krokodil

DIE SCHUPPEN

Die fossilen Funde bestätigen, dass die Haut der Dinosaurier ähnlich wie Reptilienhaut fest und von Schuppen bedeckt war. Wenn wir uns also die gegenwärtigen Reptilien ansehen, können wir eine Vorstellung von der Haut der Dinosaurier bekommen, aber die Wahrscheinlichkeit, dass alle Dinosaurier die gleiche Art von Schuppen hatten, ist sehr gering: Du musst bedenken, dass sich diese Tiere über Jahrmillionen zu unterschiedlichsten Arten entwickelt haben. Wie du deutlich sehen kannst, haben auch alle heute lebenden Reptilien nicht die gleiche Haut, wie Eidechsen und Krokodile eindrucksvoll zeigen.

Edmontosaurus

Seine Haut war sehr dick und fest. Sie warf Falten an den Gelenken der Gliedmaßen und am Nacken, damit das Tier sich besser bewegen konnte.

Hadrosaurier und Ornithopoden

Ihre Haut war dick und mit unterschiedlich großen und knochigen Beulen versehen.

Psittacosaurus

Seine Haut bestand aus kreisförmigen Schuppen. Am Schwanz eines Exemplars wurden Reste von bis zu 16 Zentimeter langen Hohlborsten gefunden, wie sie auch bei Stachelschweinen vorhanden sind.

T-Rex

Seine Haut wies knollenartige Beulen auf.

T-Rex

Tarbosaurus

Bei großen Raubtieren wie dem T-Rex oder dem Tarbosaurus waren die Arme im Verhältnis zur Körpergröße winzig.

Theropoden

Die Füße der Theropoden ähnelten denen der Vögel, drei Krallen wiesen nach vorne, eine kleinere nach hinten.

Sauropoden

Bei den Sauropoden boten die Füße dank ihrer Ballen, die das Gewicht bei jedem Schritt abfederten, eine breitere Auflagefläche.

Hadrosaurier

Bei den Hadrosauriern waren die Zehen mit fleischigen Ballen ausgestattet, die sich wie die Füße eines Kamels bei Belastung ausdehnten.

DIE KRALLEN

Die Zehen endeten in Krallen: Bei Pflanzenfressern wie Triceratops und Hadrosaurus glichen sie kräftigen Hufen, während die Krallen der Fleischfresser scharf wie Messerklingen waren.

Einige als „Raptoren" bezeichnete Raubtiere besaßen an den Gliedmaßen je eine Kralle, die viel stärker, spitzer und länger war als die übrigen. Beim Laufen berührten sie nicht den Boden, um zu verhindern, dass sie abbrachen. Beim Beutezug wurden sie wie Dolche benutzt.

Die Dolchkralle des Velociraptors

Im Vergleich zu den Krallen heutiger Tiere

DIE FUßABDRÜCKE

Von den Fußabdrücken, die von den Dinosauriern hinterlassen wurden, können wir viel erfahren. So erlangen wir nicht nur wichtige Erkenntnisse über den Aufbau ihrer Füße, sondern auch über deren Weichteile.

Einer der schnellsten Dinosaurier war der Ornithomimus. Er lief wie ein Strauß wahrscheinlich mit einer Geschwindigkeit von 70 Stundenkilometern. Es wurden fast 3 Meter auseinanderliegende Fußabdrücke gefunden.

DIE SCHNELLSTEN

Anhand von Schrittweite, geschätzter Beinlänge und Körpergröße können wir anhand einer einfachen Berechnung auf Grundlage einer mathematischen Formel die Geschwindigkeit eines Dinosauriers bestimmen.

Theropoden

Sie hinterließen Fußabdrücke in Form eines Dreizacks.

Sauropoden

Von ihnen blieben große, in den Boden gedrückte Löcher.

Eine Reihe aufeinanderfolgender Abdrücke bildet eine Spur. Spuren sind sehr nützlich, denn sie zeigen uns die Gangart und die Geschwindigkeit, mit der das Tier sich bewegte, ob es also lief oder rannte: Nah beieinanderliegende Abdrücke weisen auf einen schnellen Laufschritt hin.

Waren die Abdrücke weiter voneinander entfernt, sind die Dinosaurier wohl eher gegangen. Die Fußabdrücke können uns auch sagen, ob sich das Tier auf zwei oder vier Beinen bewegt hat und welche Größe und Form es besaß.

SO ENTSTEHT EIN FOSSILER FUSSABDRUCK

Die Dinosaurier haben Fußspuren auf schlammigen Böden hinterlassen. Der Boden trocknete anschließend aus und wurde von anderen Sedimenten bedeckt. Schließlich versteinerte alles und konservierte so die Abdrücke.

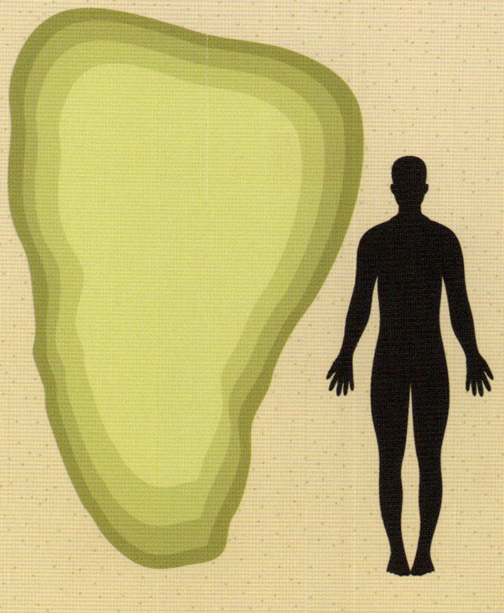

Einer der größten Abdrücke wurde im Jahr 2017 im Nordwesten Australiens entdeckt: Es handelt sich um eine beckenförmige Vertiefung mit einem Durchmesser von 1,7 Metern. Sie wurde vor 130 Millionen Jahren von einem großen Sauropoden hinterlassen, der vermutlich eine Schulterhöhe von mehr als 5 Metern erreichte.

DIE DINOBABYS

NESTER, EIER UND KÜKEN

DIE EIER

Dinosaurier vermehrten sich, wie Reptilien und Vögel, durch die Ablage von Eiern. Größe, Form und Anzahl waren je nach Art unterschiedlich. Anhand bestimmter Merkmale wie Form und Struktur der Schale können wir bestimmen, ob sie von Theropoden, Sauropoden oder anderen Dinosaurierarten stammen.

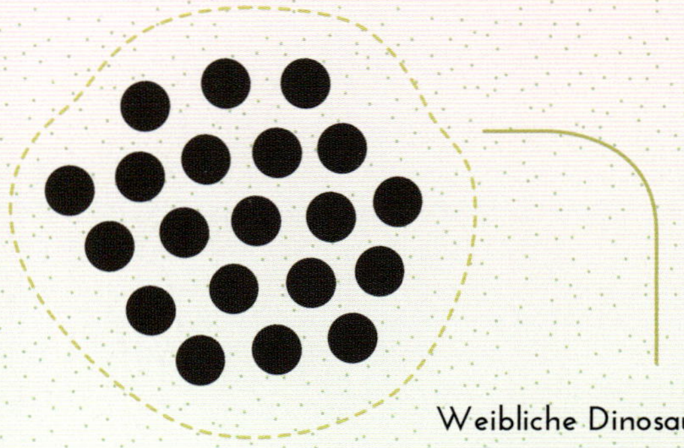

Weibliche Dinosaurier legten bis zu 20 Eier auf einmal. Viele wurden von Raubtieren gefressen, bevor die Küken schlüpfen konnten.

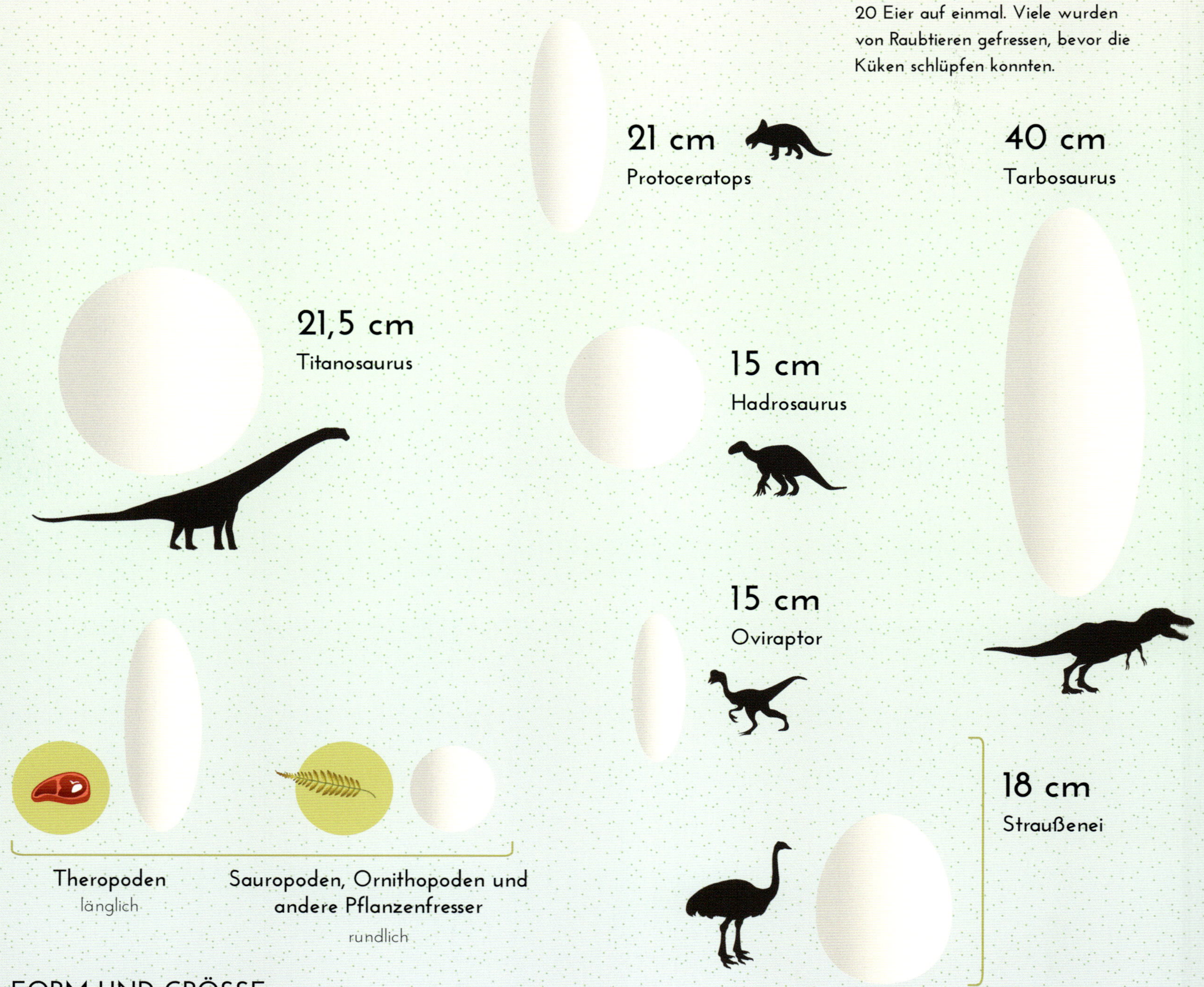

FORM UND GRÖSSE

Wir können nur vermuten, dass die Form mit der Art und Weise zusammenhängt, in der die Eier in den Nistplätzen abgelegt wurden: Wahrscheinlich ließen sich die länglichen Eier leichter in kleineren Räumen platzieren und konnten nicht einfach wegrollen.

Paläontologen gehen davon aus, dass unabhängig von der Größe der Mutter kein Dinosaurierei größer als 60 cm war. Je größer ein Ei, desto dicker muss die Schale bei gleichzeitiger hoher Luftdurchlässigkeit sein, damit der darin wachsende Embryo mit Sauerstoff versorgt werden kann. Schalendicke und Eigröße unterliegen folglich natürlichen Grenzen.

SCHALENDICKE

Die dickste gefundene Schale misst 6 Millimeter. Sie ist von Kanälen durchzogen, die in Löchern an der Schalenoberfläche münden. Sie ermöglichten die Sauerstoffzufuhr für den Embryo und gewährleisteten die nötige Luftfeuchtigkeit. Ihre Anzahl variiert von Art zu Art und kann wertvolle Informationen darüber liefern, wo die Eier abgelegt wurden.

Eier mit wenigen Löchern
liegen eher an der Oberfläche.

Eier mit vielen Löchern
liegen eher im Boden.

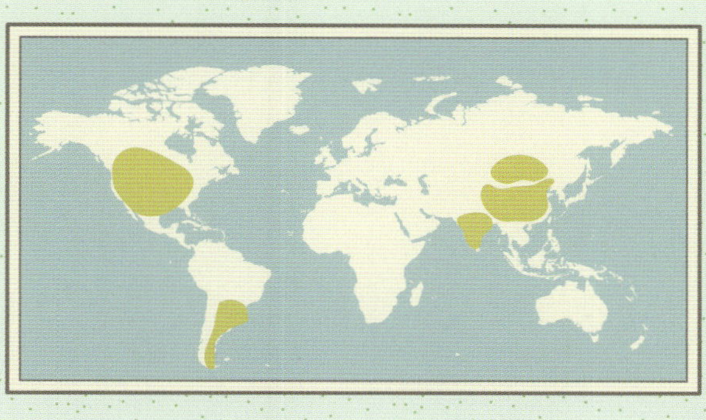

Die meisten Dinosauriereier wurden in China, der Mongolei, Argentinien, Indien und Nordamerika gefunden.

DIE FARBE

Die genaue Farbe der Eier ist unbekannt. Jüngste Studien der Universität Yale haben jedoch gezeigt, dass einige Arten Eier mit farbigen und unterschiedlich gefleckten Schalen legten, wie viele heutige Vögel. Vermutlich waren sie so besser getarnt und wurden von Raubtieren nicht so gut erkannt. Die Dinosaurier, die weiße Eier legten, vergruben sie wahrscheinlich, während die Eier, die frei abgelegt wurden, wie die des Oviraptors, vermutlich pigmentiert waren.

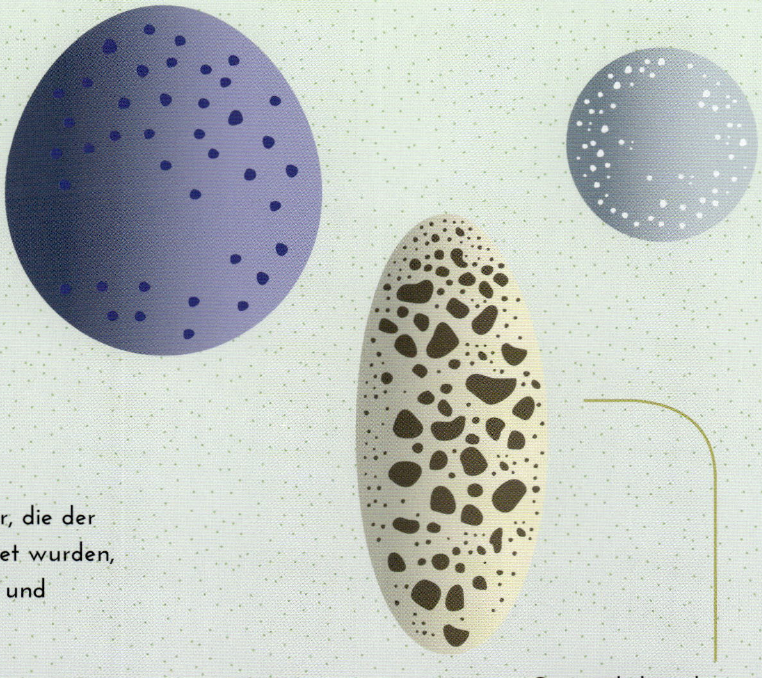

Wahrscheinlich waren die Eier, die der Gattung Heyuannia zugeordnet wurden, sogar blau, wie die von Emus und Araukana-Hühnern.

Gesprenkelte oder gepunktete Schalen tarnten die Eier in ihrer Umgebung.

DIE NESTER

Die zahlreichen Dinosaurierarten haben ihre Eier auf unterschiedliche Weise gelegt: zufällig, spiralförmig oder einfach in Reihen. Aber alle Arten legten sie in Nestern ab.

Möglicherweise hielten einige Arten ihre Eier mithilfe von Pflanzenmaterial warm, machten sich also die durch die Zersetzung entstehende Wärme zunutze, um die Eier bis zum Schlüpfen warm zu halten.

Sauropoden

Sowohl einige der ältesten Dinosaurier als auch die Sauropoden haben ihre Eier wie Krokodile einfach vergraben.

Velociraptor

Andere Arten, wie der Velociraptor, bauten ein offenes Nest mit erhöhten Schlammrändern.

Oviraptor

Beim Oviraptor saß ein Elternteil im Nest, brütete die Eier aus und beschützte sie mit seinem eigenen Körper.

Die Maiasaura-Weibchen bauten ihre Nester in Kolonien: Jedes Nest hatte einen Durchmesser von 2 Metern und befand sich etwa 1 Meter unter der Erde. Die Nester waren etwa 9 Meter voneinander entfernt, was seltsamerweise der Länge eines erwachsenen Tieres entspricht: Vielleicht war der Grund, durch Teamarbeit besser vor Raubtieren geschützt zu sein und gleichzeitig ausreichend Platz für sich selbst zu haben.

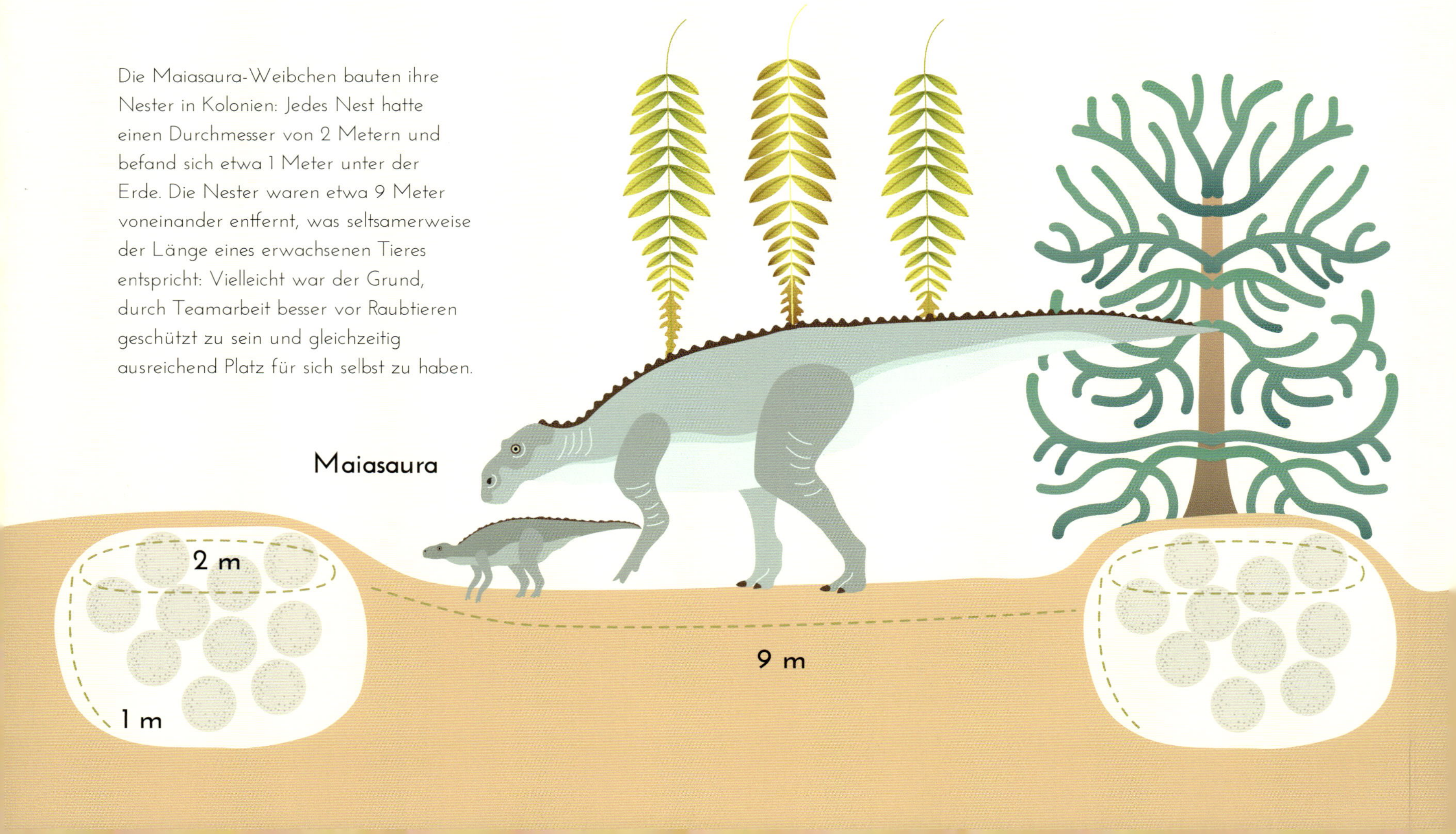

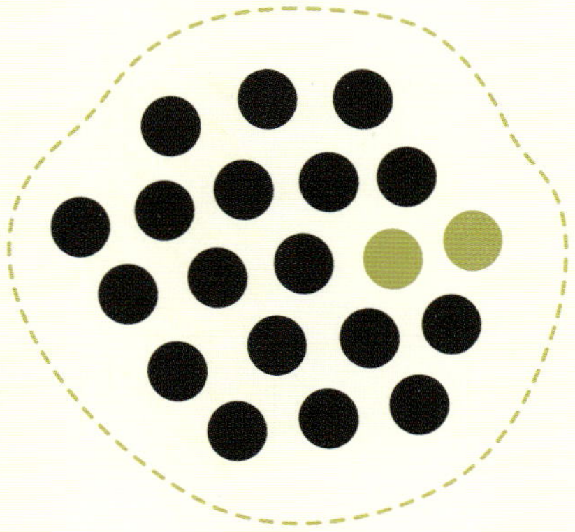

Vermutlich hatten die Dinosaurierbabys die gleiche Überlebenschance wie heutige Reptilien und Vögel, bei denen nur 10–15% das erste Jahr überleben.

DIE KÜKEN

Vielleicht wurde das Geschlecht des Jungtiers, wie es bei Krokodilen und Schildkröten der Fall ist, durch die Umgebungstemperatur bestimmt. Bei besonders heißen Temperaturen werden mehr Männchen geboren, aber wenn es ein paar Grad kälter ist, schlüpfen mehr weibliche Tiere. Danach sind die Kleinen den Problemen des täglichen Lebens ausgesetzt: Nahrungssuche, erwachsen werden und … überleben.

Knochenfunde belegen, dass die jungen **Troodons** wie Enten direkt laufen konnten und kräftig genug waren, um das Nest sofort zu verlassen.

Hadrosaurierjunge dagegen zeigen deutliche Abnutzungserscheinungen an den Zähnen, während die Beine noch nicht so weit entwickelt waren, dass sie laufen konnten. Das legt die Vermutung nahe, dass sich die Eltern in den ersten Lebenswochen um ihre Nachkommen kümmern mussten und sie im Nest mit vorgekauter Nahrung versorgt haben.

Die Sauropodenmutter war 2.500-mal größer als ihr Neugeborenes.

Das außergewöhnlichste Wachstum aber zeigten die Sauropoden: Frisch geschlüpft wogen sie im Allgemeinen weniger als 5 Kilogramm, wurden aber innerhalb von 30 Jahren 10.000-mal schwerer. Eine außerordentliche Wachstumsgeschwindigkeit, die weder ein anderes lebendes oder ausgestorbenes Landtier je erreicht hat.

GRUPPENLEBEN
HERDEN UND RUDEL

WARUM IN DER GRUPPE LEBEN?

Viele Dinosaurier lebten wohl in großen Gruppen. Das zeigen mehrere Funde von Überresten verschiedener Tiere derselben Art, die gemeinsam in großen Lagerstätten entdeckt wurden. Vermutlich sind ganze Herden auf einmal umgekommen, sei es durch eine Katastrophe wie ein Erdbeben, ein gewaltiger Sandsturm oder ein Vulkanausbruch, bei dem alle Tiere unter Vulkanasche erstickten (Kataklysmus).

DIE HERDEN

In anderen Fällen wurden Abdrücke von mehreren Dinosauriern gefunden, die gemeinsam unterwegs waren. Tatsächlich lebten viele Pflanzenfresser in Herden, fraßen und nisteten vielleicht gemeinsam. Der Vorteil des Zusammenlebens war vor allem der von der Gruppe garantierte Schutz vor Raubtieren.

Manche Herden bildeten sich möglicherweise nur vorübergehend, das heißt, sie bestanden aus Dinosauriern, die sich einfach nur in fruchtbaren Weidegebieten versammelten.

Vielleicht schlossen sich auch Dinosaurier verschiedener Arten zu langen Wanderungen zusammen, um das ganze Jahr über Futter zu finden.

Während des Marsches liefen die Kleineren in der Mitte der Herde, wo sie besser geschützt waren.

Das Leben in der Herde bedeutete, zusammen umherzuziehen und sich mit ziemlicher Sicherheit gegenseitig die Zehen und Schwänze zu zertrampeln, wie einige Knochenläsionen zeigen.

DIE RUDEL

Fußabdrücke belegen, dass die großen zweibeinigen Raubtiere im Allgemeinen Einzelgänger waren und wie Tiger oder Puma alleine jagten. Die kleineren Fleischfresser hingegen jagten wie Wölfe lieber in Rudeln, um ihre Kräfte besser bündeln und auch größere Beutetiere erlegen zu können.

Große Raubtiere wie der Spinosaurus waren Einzelgänger und jagten auch allein.

Kleine Raubtiere wie der Velociraptor jagten in Rudeln.

Die Zusammenarbeit beinhaltete neben der Jagd auch die Betreuung und Aufzucht der Jungtiere. Aber wie waren die Rudel organisiert? Bestanden sie aus einer einzigen Familie oder lebten auch Tiere zusammen, die nicht miteinander verwandt waren? Wurde das Rudel von einem Männchen oder einem Weibchen geführt? Leider helfen uns die Fossilien bei dieser Frage nicht weiter, aber wir können uns eine Vorstellung davon machen, indem wir das Verhalten einiger heutiger Fleischfresser beobachten.

Die Zusammenarbeit heutiger Raubtiere

Löwen

Die Löwen leben in Gruppen von 4 bis 40 Tieren, mit wenigen dominanten Männchen; die Weibchen jagen.

Komodowarane

Sie sind größtenteils Einzelgänger und vereinen sich nur zur Fortpflanzung und zum Fressen. Das dominante Männchen frisst als Erstes.

Beutelteufel

Sie leben und jagen vorzugsweise allein, doch manchmal versammeln sie sich zu großen Gruppen, um eine Beute zu erlegen, die sie anschließend untereinander aufteilen.

Wölfe

Sie leben in Familienverbänden, die sich aus einem fortpflanzungsfähigen Paar sowie mehreren nicht fortpflanzungsfähigen Alt- und Jungtieren zusammensetzen. Sie jagen strategisch in Gruppen.

Krokodile

Sie sind normalerweise Einzelgänger, auch wenn die Jungen oft zusammenbleiben, bis sie so gut wie ausgewachsen sind. Bei größeren Beutetieren bilden sie gelegentlich große Gruppen, die dann bei der Jagd zusammenarbeiten.

WIE KÖNNTE DIE JAGD AUSGESEHEN HABEN?

Folgende Szene ist durchaus vorstellbar: Ein Rudel kleiner Dromaeosaurier verfolgt seit Tagen seine mittlerweile erschöpfte Beute. Wie groß sie auch gewesen sein mag, sie konnte den ständigen Attacken der vielen Angreifer nicht entkommen. Unentwegt wurden ihr von den einzelnen Rudelmitgliedern Verletzungen beigebracht, bis der Blutverlust das Opfer schließlich derart schwächte, dass es zusammenbrach und letztendlich in Stücke gerissen wurde.

LEBEN ALS PAAR
DIE PARTNERSUCHE

In der Natur kommt es häufig vor, dass der Paarung ein Balzritual vorausgeht. Das Weibchen wird von einem oder mehreren Männchen umworben, bis es einen von ihnen als ihren Partner erwählt. Wir können nur annehmen, dass Dinosaurier sich ähnlich verhalten haben.

Das Werben und die Auswahl des Partners sind ein wichtiger Bestandteil für das Überleben der eigenen Art: Es ist ganz natürlich, den gesündesten oder stärksten Gefährten auszuwählen. Das erhöht die Chancen, dass die Nachkommen ebenfalls gesund sind und lange genug überleben, um sich wiederum zu paaren und Nachkommen zu zeugen.

DER SCHMUCK

Um von einem Weibchen ausgewählt zu werden, musste das Männchen seine Aufmerksamkeit erregen. Dabei war es sicherlich hilfreich, über buntes Gefieder, besonders eindrucksvolle Hörner oder Ähnliches zu verfügen. Bei einigen Arten gibt es auch heute noch außergewöhnliche Schmuckelemente, die in den Augen der Weibchen unwiderstehlich zu sein scheinen.

Monolophosaurus jiangi

Dieser ungewöhnlich aussehende Theropode lebte vor etwa 170 Millionen Jahren in Asien. Der knöcherne Kamm auf seinem Kopf hatte vielleicht die Funktion, die Aufmerksamkeit seiner Gefährtinnen auf sich zu ziehen und seinem Werben größeren Ausdruck zu verleihen.

Cryolophosaurus

Über seinen Hinterkopf zog sich, an den Augen beginnend, ein auffällig nach hinten verlaufender dünner und stark gefurchter Kamm. Da er leicht abbrechen konnte, diente er wohl ausschließlich der Werbung um ein Weibchen.

Derart auffällige Merkmale zeigten die meisten Weibchen nicht, wodurch beide Geschlechter derselben Art sich deutlich unterschieden. Dies wird als Sexualdimorphismus bezeichnet. Junge geschlechtsunreife Männchen besaßen bereits entsprechende Merkmale, die jedoch erst mit dem Alter wuchsen. Wir können nicht ausschließen, dass es bei den Dinosauriern auch echte Balztänze gab, insbesondere bei den Fleischfressern, die auf großen, freien Flächen stattfanden.

Dilophosaurus

Er hatte auf der Schädeloberseite zwei markante, parallel verlaufende Kämme. Es handelte sich um Verlängerungen des Nasenknochens. Auch sie waren sehr empfindlich und dienten möglicherweise nur dem Werbungsritual oder auch der Wiedererkennung von Artgenossen.

DIE KÄMPFE

Wer sich fortpflanzen will, muss zunächst alle Mitbewerber beeindrucken und die eigene Stärke demonstrieren. Falls dies nicht gelingt, müssen die Rivalen herausgefordert werden. Wenn sich mehrere Männchen in einer Gruppe befinden, muss eine Rangfolge hergestellt werden, um festzustellen, wer der stärkste und dominanteste ist.

Wie die konkurrierenden Männchen gegeneinander antraten, war je nach Art unterschiedlich. Die Männchen der riesigen langhalsigen Apatosaurier beispielsweise traten mit Nackenschlägen gegeneinander an. Sie verflochten ihre Hälse miteinander und schlugen sie gegeneinander.

Die Pachycephalosaurier besaßen eine ballonrunde Schädeldecke, die im Nacken verstärkt und mit seitlichen Stacheln und Erhebungen versehen war. Der Knochen konnte bis zu 20 cm dick sein. Die Wissenschaftler vermuten, dass damit Schläge, die sich die Männchen dadurch beibrachten, dass sie wie Steinböcke ihre Köpfe gegeneinanderstießen, abgefedert werden konnten.

Pachycephalosaurier

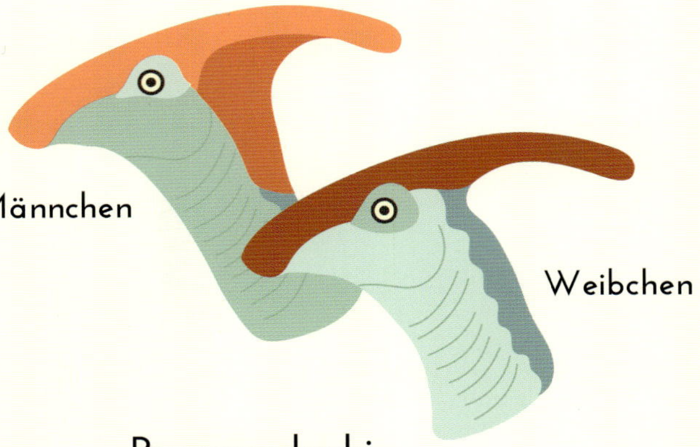

Parasaurolophi

Lambeosaurier

Die Lambeosaurier und die Parasaurolophi zeigten bei beiden Geschlechtern auffällige Kämme. Bei den Männchen waren sie jedoch stärker ausgeprägt und hatten eine deutlich rundere Form, während sie bei den Weibchen stark nach hinten verlängert waren.

Die Kämme könnten der Einschüchterung von Konkurrenten gedient haben. Da sie jedoch zum Teil hohl waren, könnten sie auch als Resonanzkörper genutzt worden sein, um die Lautstärke ihrer Rufe zu erhöhen.

DAS FLIEGEN LERNEN
DIE EVOLUTION DER VÖGEL

Heute gehen wir davon aus, dass die Vögel die direkten Nachkommen der fleischfressenden Dinosaurier sind, ihre „Urenkel" sozusagen. Im Gegensatz dazu teilen die Krokodile mit den Dinosauriern nur einen gemeinsamen Vorfahren und sind daher ihre entfernten „Cousins".

DER GEMEINSAME VORFAHRE

Wenn man die Vögel genauer betrachtet, erkennt man Merkmale, die an Dinosaurier erinnern, zumindest an einige der zweibeinigen Fleischfresser, die auch schon über Federn verfügten.

Das älteste Tier, das Ähnlichkeit mit einem Vogel hat, ist der Archaeopteryx. Er war so groß wie ein Fasan und lebte vor etwa 150 Millionen Jahren im späten Jura. Er besaß Zähne und einen langen, knöchernen Schwanz, wodurch er an einen Dinosaurier erinnerte, der zur gleichen Zeit lebte, den Compsognathus – jedoch besaß dieser im Gegensatz zum Archaeopteryx keine Federn.

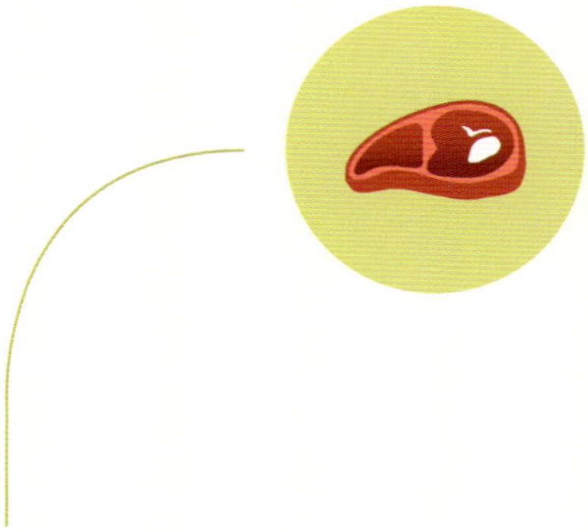

Die Vögel sind die Nachkommen einiger Theropoden, also Dinosaurier, die auf zwei Beinen liefen und sich vornehmlich von Fleisch ernährten.

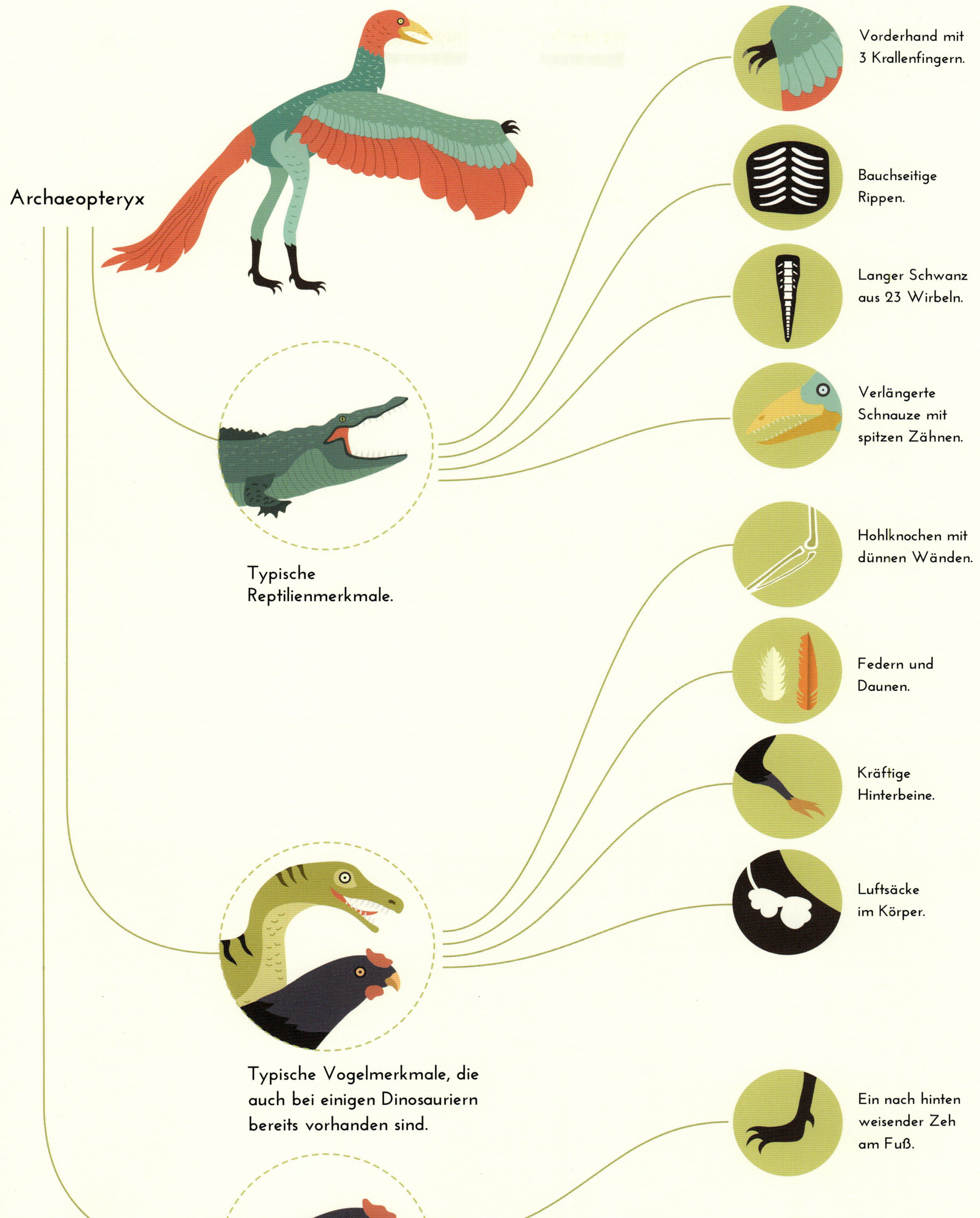

Können wir dann den Archaeopteryx als Vorfahren aller Vögel bezeichnen? Basierend auf neueren Studien verneinen die Paläontologen dies. Sie gehen davon aus, dass er eher ein „Cousin" war, der jedoch keine Nachfahren hinterließ. Die Wissenschaftler versuchen jedoch, die Details der frühen Vogelentwicklung neu zu ordnen, und suchen weiterhin nach neuen Beweisen, um endlich eine Antwort auf diese schwierige Frage zu finden.

WIE LERNTEN DIE VÖGEL FLIEGEN?

Darauf haben die Paläontologen noch keine schlüssige Antwort gefunden. Klar ist, dass viele kleine Theropoden mit Federn bedeckte Vorderbeine besaßen. Sie beherrschten nur den Gleitflug, nicht aber das aktive Fliegen. Sie überbrückten also ohne großen Energieaufwand durch eine Art Schweben kurze Entfernungen, konnten sich jedoch nicht selbstständig vom Boden erheben.

Vögel dagegen praktizieren den Schlagflug, indem sie ihre Flügel, also die vorderen Gliedmaßen und Schultern, unter erheblichem Energieaufwand aktiv bewegen. Dies führte zu einer bedeutenden Veränderung der Knochen in diesen Bereichen.

Um in die Luft aufsteigen und fliegen zu können, benötigt man:

Es ist noch nicht klar, wie alles begann. Es gibt zwei Theorien, die arboreale und die terrestrische: Die Befürworter der ersten vermuten, dass die Vorfahren der modernen Vögel von Ast zu Ast gesprungen sind und allmählich von einem anfänglichen Gleitflug zu einem voll aktiven Flug übergingen.

Die zweite Theorie besagt, dass sich der Flug über das Rennen auf der Flucht entwickelte. Man geht dabei davon aus, dass das Tier beim Laufen durch die ausgebreiteten Flügel eine größere Stabilität erreichen konnte. Immer größere Sprünge hätten schließlich zum Abheben und Fliegen geführt.

Der Übergang vom Dinosaurier zum Vogel hat mehrere Veränderungen mit sich gebracht:

SKELETT

Die Knochen werden kleiner und ihre Wände werden dünner. Einige wachsen zusammen wie die Fußknochen und die letzten fünf Schwanzwirbel. Der lange Schwanzknochen wird durch Federn ersetzt.

FLÜGEL

Sie werden länger als die Hinterbeine und die Krallenfinger verschwinden.

MUSKELN

Die Brustmuskeln nehmen an Größe zu und folglich wird das Brustbein, an dem die Muskeln verankert sind, immer größer, wobei sich im mittleren Teil ein Rumpf entwickelt, der die Brustoberfläche vergrößert.

ZÄHNE

Sie verschwinden und nur der Schnabel bleibt.

WER WAR DER VORFAHRE ALLER HEUTIGEN VÖGEL?

Man weiß es noch nicht. Wie auch immer er ausgesehen haben mag, mit Sicherheit war er recht klein und pflanzte sich mit großer Geschwindigkeit fort. Dank dieser Eigenschaften konnte er das große und schreckliche Aussterben, das vor 65 Millionen Jahren das Leben auf der Erde fast auslöschte, überleben. Aus ihm entwickelten sich die vielen verschiedenen Vogelarten, die wir heute kennen.
Gegenwärtig leben über 10.000 Vogelarten auf der Welt. Sie werden in zwei Gruppen eingeteilt: die flugunfähigen **Urkiefervögel**, wie Strauß, Kiwi, Emu und Nandu, und die **Neukiefervögel**, zu denen alle anderen zählen.

HERRSCHER DER LÜFTE
DIE FLUGSAURIER

In der Ära der Dinosaurier beherrschten fliegende Reptilien den Himmel. Ihre Größe und Lebensgewohnheiten unterschieden sich zwar von denen anderer Reptilien, doch sie wiesen einen nahezu identischen Körperbau auf. Es waren die Ptero- oder Flugsaurier.

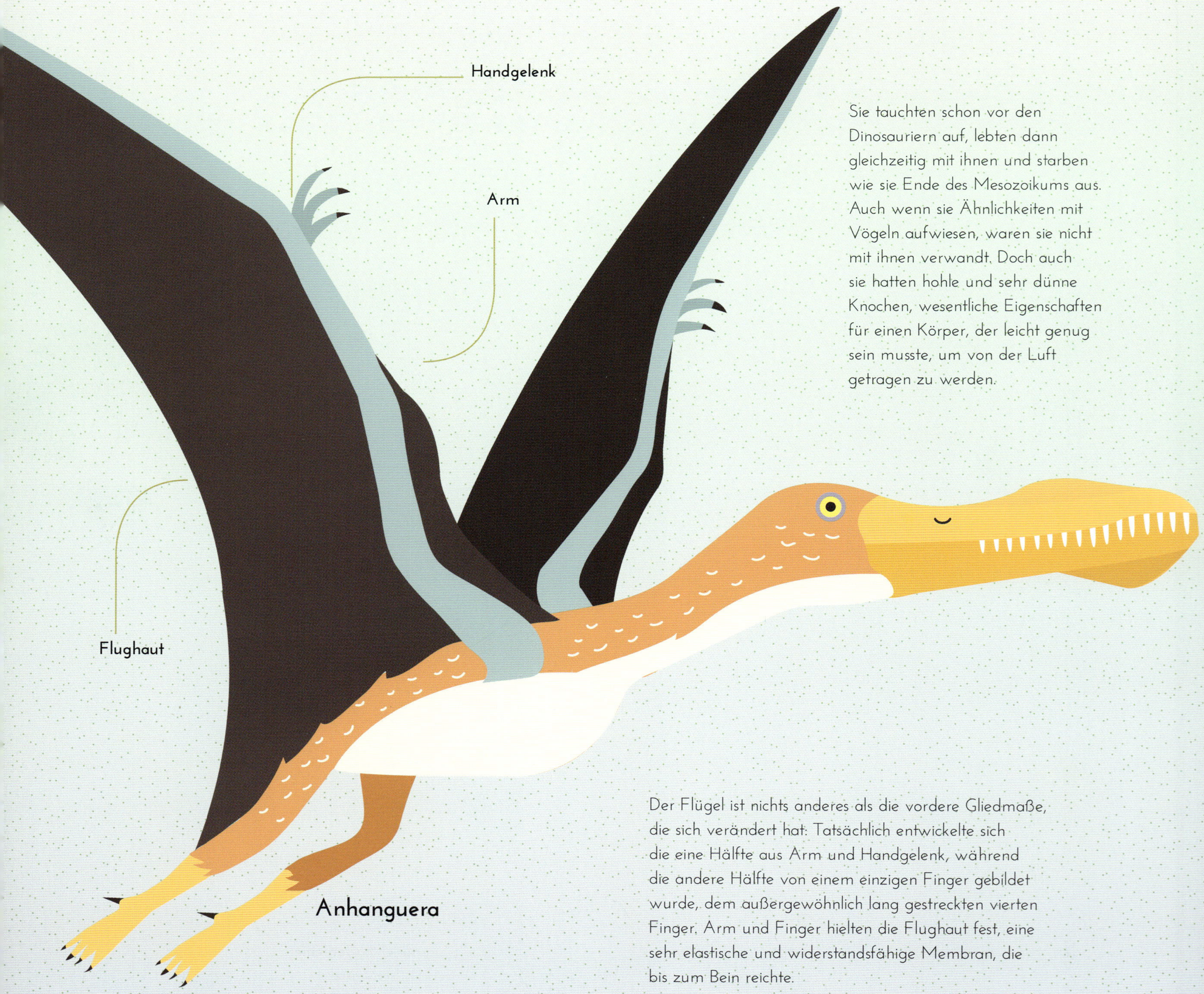

Sie tauchten schon vor den Dinosauriern auf, lebten dann gleichzeitig mit ihnen und starben wie sie Ende des Mesozoikums aus. Auch wenn sie Ähnlichkeiten mit Vögeln aufwiesen, waren sie nicht mit ihnen verwandt. Doch auch sie hatten hohle und sehr dünne Knochen, wesentliche Eigenschaften für einen Körper, der leicht genug sein musste, um von der Luft getragen zu werden.

Der Flügel ist nichts anderes als die vordere Gliedmaße, die sich verändert hat. Tatsächlich entwickelte sich die eine Hälfte aus Arm und Handgelenk, während die andere Hälfte von einem einzigen Finger gebildet wurde, dem außergewöhnlich lang gestreckten vierten Finger. Arm und Finger hielten die Flughaut fest, eine sehr elastische und widerstandsfähige Membran, die bis zum Bein reichte.

Flugsaurier waren unterschiedlich groß. Den absoluten Rekord mit Ausmaßen, die kein heutiger Vogel auch nur annähernd erreicht, hält der Quetzalcoatlus.

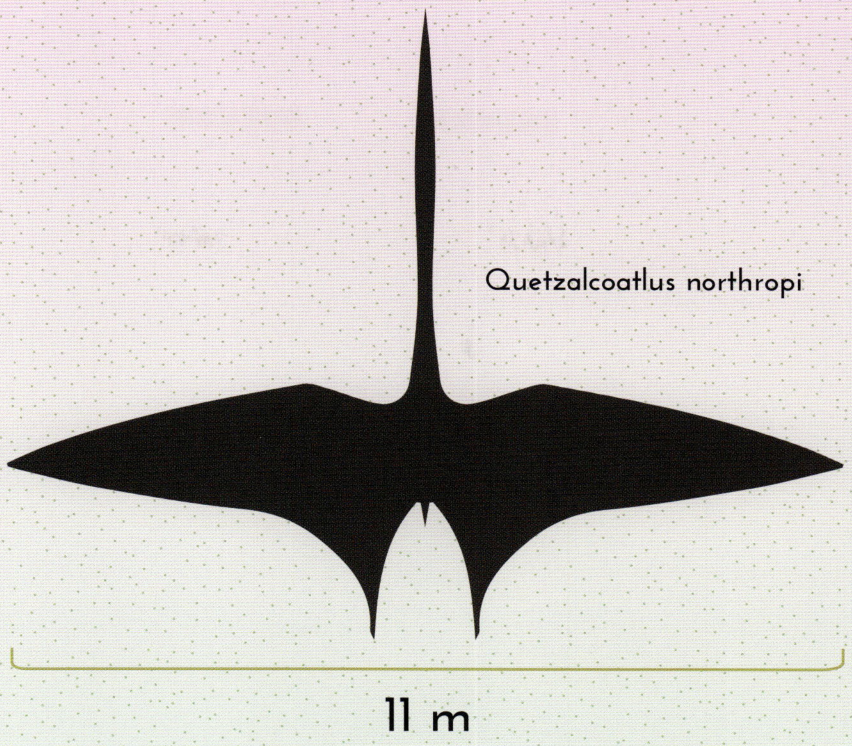

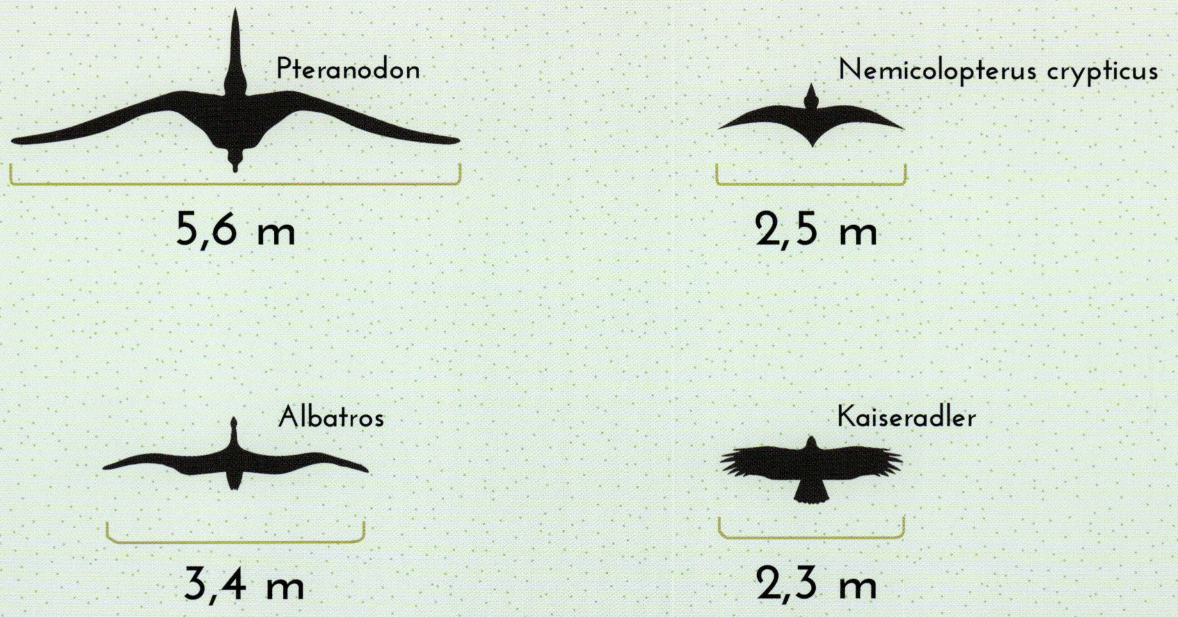

VÖGEL UND FLUGSAURIER

Der größte Unterschied zwischen Flugsauriern und Vögeln befindet sich im Flügel.

1

FLÜGEL

Der Flügel der Flugsaurier ähnelt denen der Fledermäuse.

2

FEDERN

Die Flugsaurier hatten keine Federn.

3

SCHWANZ

Die Flugsaurier hatten einen knöchernen Schwanz.

REISEN DURCH DIE LUFT

Die Form des Flügels gibt Aufschluss darüber, wie sich die Tiere im Flug bewegten. Das gilt auch für unsere Vögel heute.

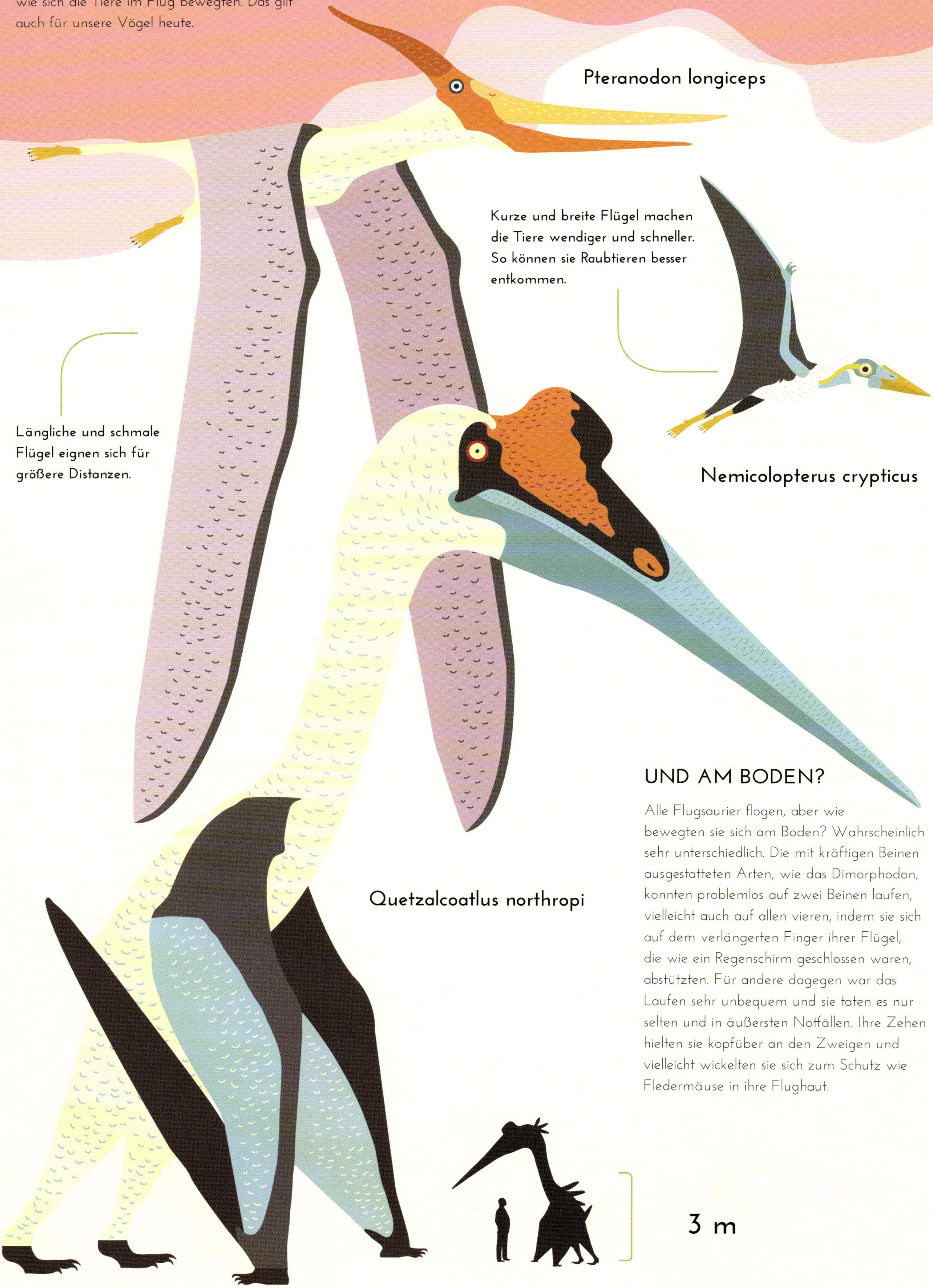

Kurze und breite Flügel machen die Tiere wendiger und schneller. So können sie Raubtieren besser entkommen.

Längliche und schmale Flügel eignen sich für größere Distanzen.

UND AM BODEN?

Alle Flugsaurier flogen, aber wie bewegten sie sich am Boden? Wahrscheinlich sehr unterschiedlich. Die mit kräftigen Beinen ausgestatteten Arten, wie das Dimorphodon, konnten problemlos auf zwei Beinen laufen, vielleicht auch auf allen vieren, indem sie sich auf dem verlängerten Finger ihrer Flügel, die wie ein Regenschirm geschlossen waren, abstützten. Für andere dagegen war das Laufen sehr unbequem und sie taten es nur selten und in äußersten Notfällen. Ihre Zehen hielten sie kopfüber an den Zweigen und vielleicht wickelten sie sich zum Schutz wie Fledermäuse in ihre Flughaut.

WOVON ERNÄHRTEN SICH DIE FLUGSAURIER?

Viele Flugsaurier besaßen dicke Schnäbel mit unterschiedlichsten Zähnen, die dem Nahrungsangebot angepasst waren.

Lange, dünne Zähne
Fische, Insekten, andere Reptilien

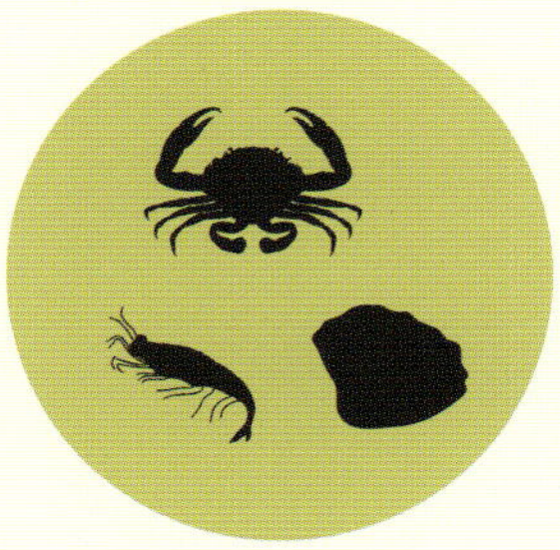

Große Zähne
Muscheln und Krustentiere

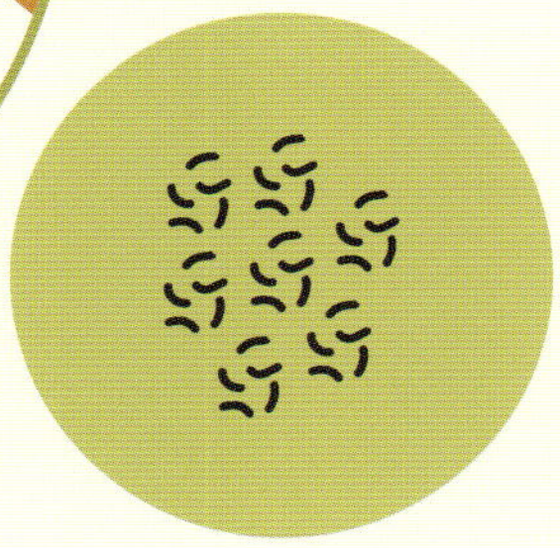

Lange, sehr dünne, borstenähnliche Zähne
Fische, Insekten, andere Reptilien

Keine Zähne
Fische

KÄMME FÜR DEN KOPF

Viele Flugsaurier hatten Knochenkämme unterschiedlicher Größe und Form auf ihren Köpfen. Möglicherweise waren sie farbig und könnten daher zur Unterscheidung von Männchen und Weibchen oder zur Wiedererkennung von Artgenossen gedient haben. Vielleicht nutzten die Männchen sie auch, um ihre Partnerin zu umwerben. Länglich geformte Kämme wie die des Pteranodons, dienten als Gegengewicht zum Ausgleich der langen Schnauze, wohingegen die kürzeren und runderen Formen beim Fliegen als Ruder fungierten.

KLASSIFIZIERUNG

Bisher kennen wir 150 Arten von Flugsauriern, aber die Wissenschaftler glauben, dass es noch viele Tausend weitere zu entdecken gibt.

FLUGSAURIER

bekannte Arten

150

RAMPHORHYNCHUS

der älteste

RUHIG UND KALTBLÜTIG

Einige Funde enthielten Überreste eines dünnen Fells. Vermutlich war der ganze Körper damit bedeckt. Dies legt nahe, dass Flugsaurier wie Vögel und Säugetiere Warmblüter waren und sich daher vor Kälte schützen mussten.

ZUM FLIEGEN GEBOREN

Im Gegensatz zu den Dinosauriern legten Flugsaurier Eier mit einer weichen Schale, weshalb auch nur wenige gefunden wurden. Das frisch geschlüpfte Jungtier hatte bereits voll ausgebildete Flügel. Die Paläontologen glaubten zunächst, die Flugsaurier hätten sich um ihren Nachwuchs gekümmert, doch heute geht man eher davon aus, dass die Jungtiere von Geburt an selbstständig waren.

PTERODACTYLUS

jünger

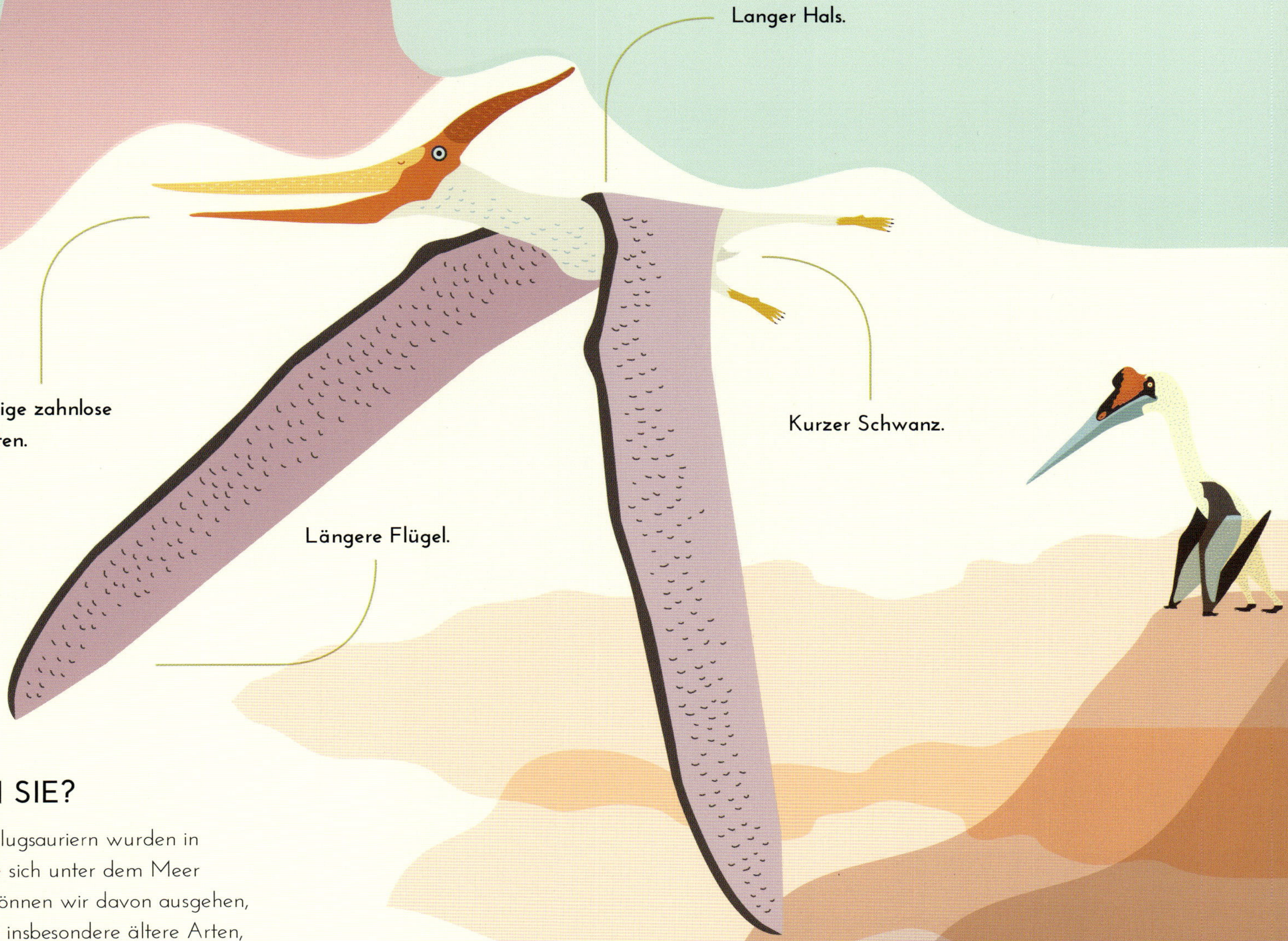

WO LEBTEN SIE?

Viele Fossilien von Flugsauriern wurden in Felsen gefunden, die sich unter dem Meer gebildet haben. So können wir davon ausgehen, dass viele von ihnen, insbesondere ältere Arten, die gleiche Umgebung besetzten, die heute die unbestrittene Domäne der Seevögel ist. Sie flogen lange Strecken über das offene Meer, bauten ihre Nester auf Klippen und Felsen an der Küste, wo die Eier vor Raubtieren sicher waren. Kleinere Arten lebten wahrscheinlich in den Wäldern und fanden in den Baumkronen Unterschlupf.

UNTERWASSERWELT
DIE MEERESREPTILIEN

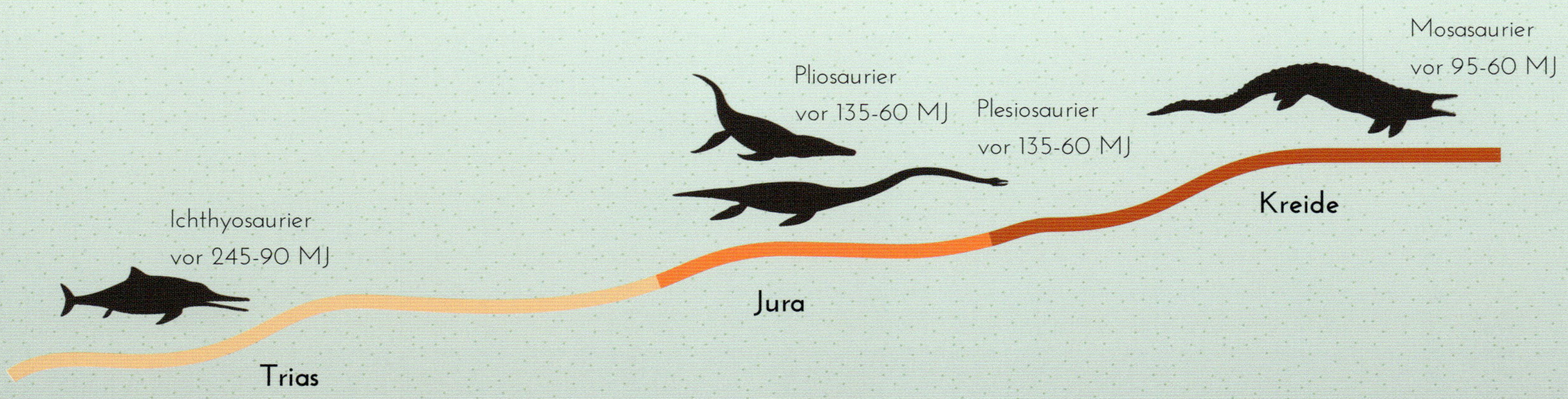

Zu der Zeit, als die Dinosaurier das Festland beherrschten, lebten in den Meeren andere Reptilien, von denen einige gigantisch groß und ausgesprochen gefährlich waren. Viele waren Schnellschwimmer wie Delfine, andere waren Riesen und hatten Ausmaße wie ein Autobus.

Die frühesten Meeresreptilien gehen auf den Beginn der Trias zurück. Sie entwickelten sich im Laufe des Mesozoikums weiter zu unterschiedlichen Arten, die jedoch mit der Zeit wieder ausstarben. Die jüngeren Arten verschwanden genau wie die Dinosaurier am Ende des Mesozoikums.

9 m

Kronosaurus

Die Meeresreptilien mussten wie Delfine und Wale zum Luftholen auftauchen.

Die Meeresreptilien legten keine Eier: Die Jungen wurden lebend geboren.

FORMEN UND GRÖßEN

Für eine schnelle Fortbewegung im Wasser muss ein Körper schmal und hydrodynamisch sein. Die Beine haben sich zu Flossen entwickelt, mit denen man gut schwimmen kann, und der schwingende Schwanz sorgt für den notwendigen Vortrieb. Bei den Ichthyosauriern endete die Schwanzflosse sichel- oder halbmondförmig, wodurch sie sehr schnell schwimmen konnten.

6 m
Ophthalmosaurus

17 m
Mosasaurus

14 m
Elasmosaurus

21 m
Shonisaurus sikanniensis

FORTBEWEGUNG IM WASSER

Die Flossen sind das Ergebnis einer Anpassung an das Leben im Wasser: Im Laufe der Zeit entwickelten sich aus den Gliedmaßen mit bis zu fünf Fingern/Zehen immer mehr Knochenglieder (bis zu 30 pro Finger), die sich, mit einer ledrigen Schwimmhaut bedeckt, hervorragend zum Schwimmen eigneten. Bei vielen Meeresreptilien wie den Pliosauriern waren die hinteren Flossen größer als die vorderen.
Vermutlich waren einige Meeresreptilien sehr schnell und erreichten wie der Thunfisch eine Geschwindigkeit von bis zu 65 Stundenkilometern.

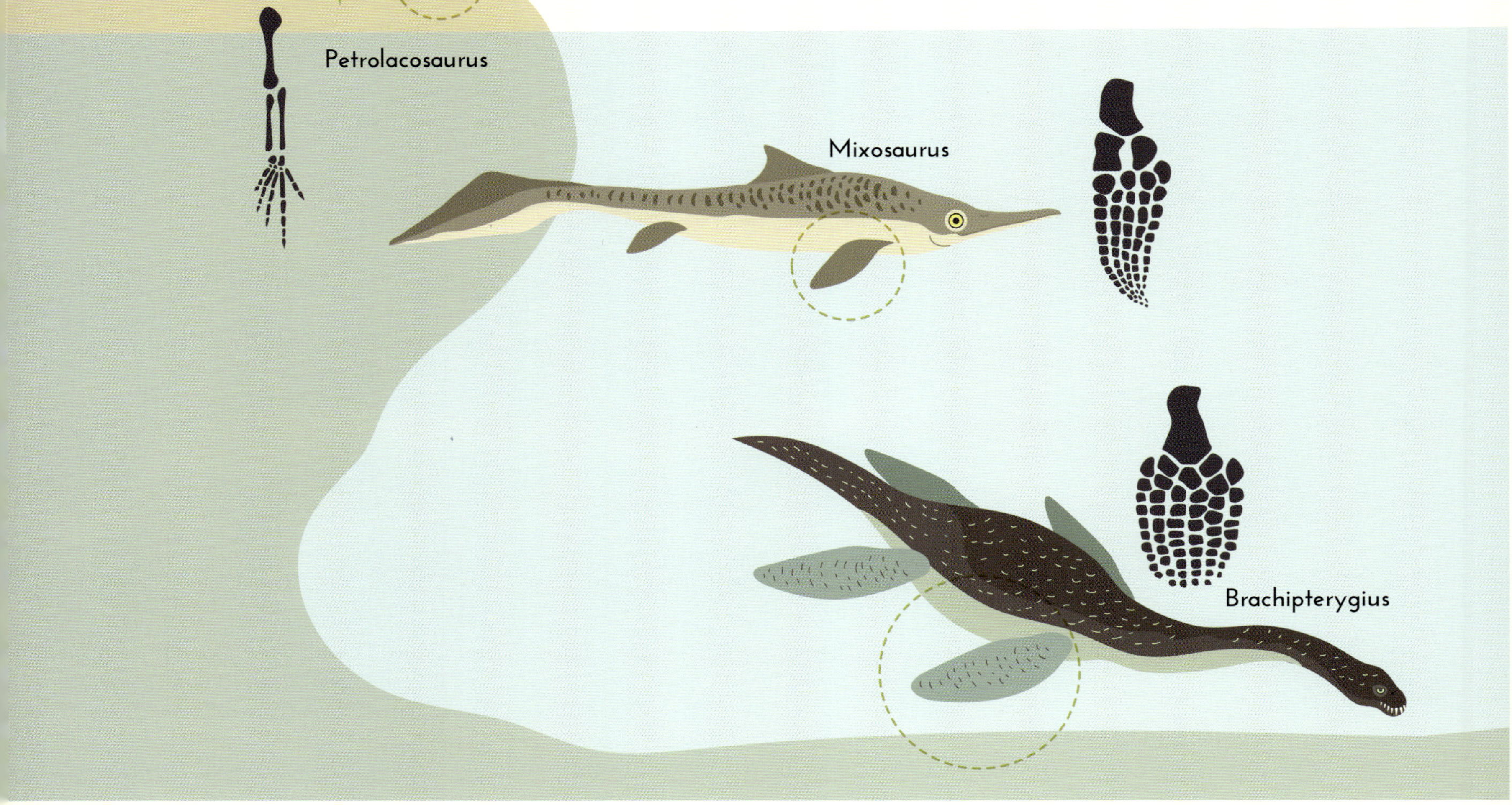

LANGE UND KURZE HÄLSE

Pliosaurier und Plesiosaurier waren eng miteinander verwandt. Ersterer hatte einen großen Kopf und einen massiven Körper, letzterer war schlanker und anmutiger. Das hervorstechendste Unterscheidungsmerkmal war jedoch die Halslänge. Der Plesiosaurier hatte einen sehr langen, aus zahlreichen Wirbeln bestehenden Hals.

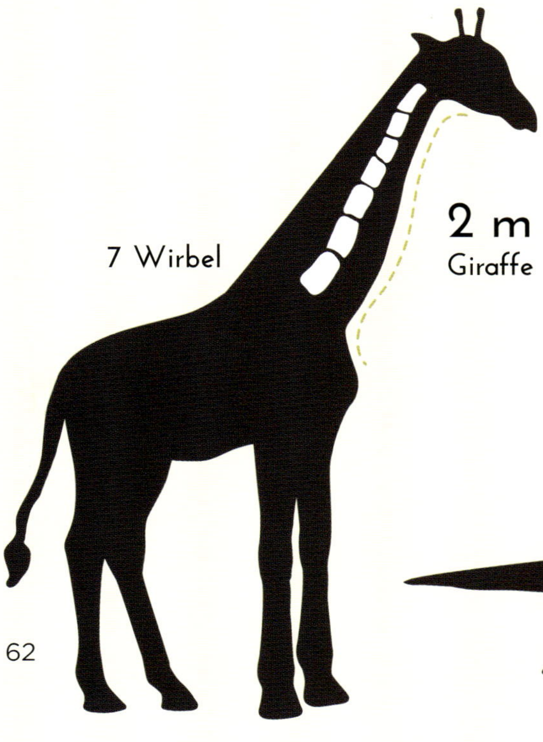

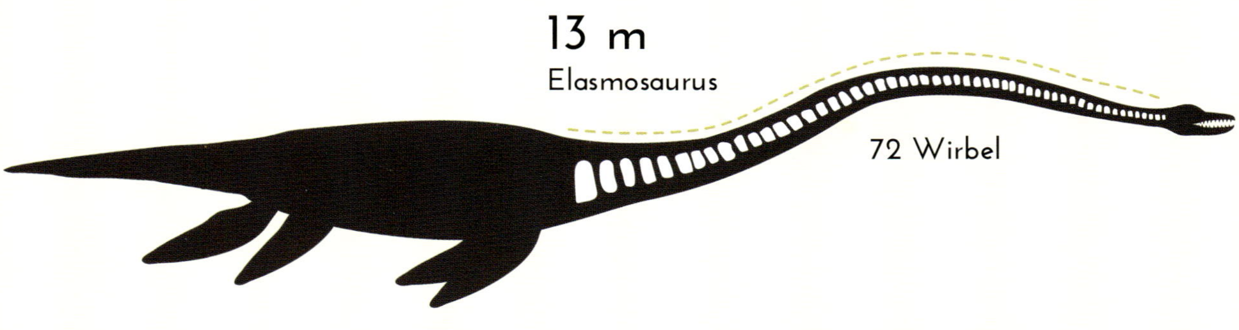

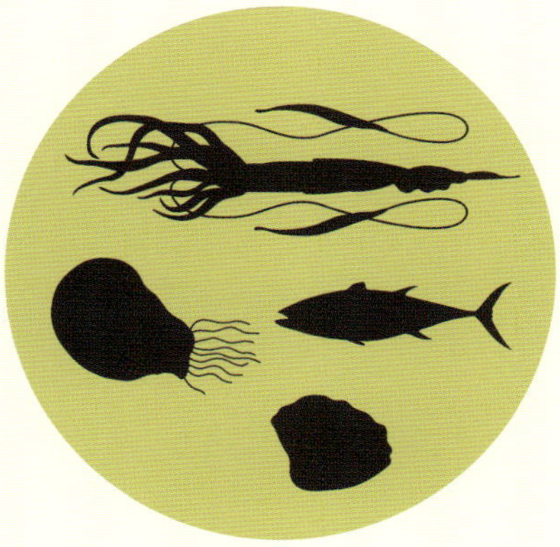

NAHRUNG

Anzahl und Form der Zähne waren sehr unterschiedlich, obwohl sie alle Raubtiere waren. Je nach Größe und der Tiefe, in der sie lebten, fraßen sie unterschiedliche Meeresbewohner, insbesondere Fische, Ammoniten und Belemniten – heute ausgestorbene Schalentiere –, Tintenfische und andere kleinere Reptilien.

GROßE AUGEN

In der Tierwelt steht die Augengröße meist in einem bestimmten Verhältnis zur Körpergröße. Bei vielen Ichthyosauriern waren die Augen jedoch viel größer, etwa beim Ophthalmosaurus, einem „nur" 4 Meter großen Ichthyosaurier, dessen Auge mit 23 Zentimetern Durchmesser die Größe einer Frisbeescheibe erreichte. Das größte Auge gehörte jedoch einem anderen Ichthyosaurier, dem Temnodontosaurus, der 9 Meter lang war und dessen Augen die Rekordgröße von 26 Zentimetern Durchmesser aufwiesen. Diesen Rekord teilt er sich mit dem heutigen Riesenkalmar.
Mit derart großen Augen konnten diese Tiere die Meerestiefe bei fast völliger Dunkelheit erkunden.

Bei vielen Meeresreptilien schützte ein knöcherner Augenring das Auge vor dem hohen Wasserdruck in den Tiefen der Meere.

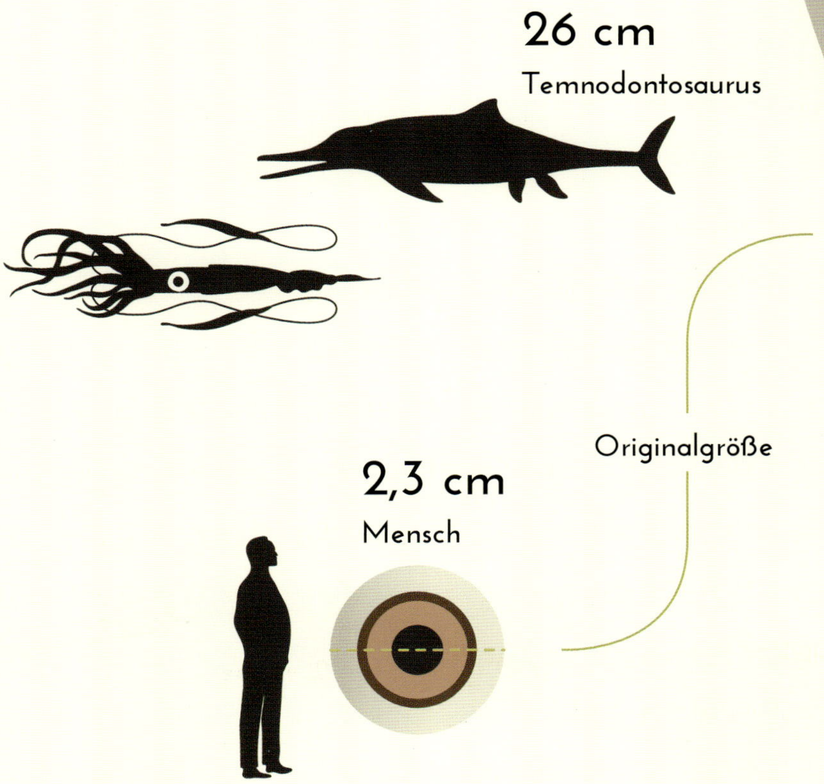

GLOSSAR

S. 6/7

PALÄOZOIKUM – Erdzeitalter vor 540–248 Millionen Jahren, als „Erdaltertum" bezeichnet.

MESOZOIKUM – Auch „Reptilienzeitalter" genannt, vor 251–65 Millionen Jahren. Es ist das „Erdmittelalter", an dessen Ende die Dinosaurier verschwinden.

PALÄOGEN – Vor 65–2 Millionen Jahren. Auch als Tertiär- oder Säugetierzeitalter bezeichnet, steht es für die „Erdneuzeit".

DIAPSIDEN – Zu ihnen gehören alle Reptilien (außer Schildkröten). Ihr Schädel hat zwei Öffnungen in der Wangen- bzw. Schläfenregion.

SYNAPSIDEN – Dazu gehören Säugetiere und einige prähistorische Reptilien wie die Pelikosaurier. Sie haben nur eine Öffnung auf jeder Schädelseite.

ANAPSIDEN – Zu ihnen zählen die Schildkröten. Sie haben keine Öffnung an den Schädelseiten.

S. 8/9

PALÄONTOLOGE – Wissenschaftler, der die fossilen Überreste von ausgestorbenen Organismen untersucht.

SAURISCHIA – Dinosaurier mit „Echsenbecken", zu ihnen gehören Sauropoden und Theropoden.

ORNITHISCHIA – Dinosaurier mit „Vogelbecken". Sie waren Pflanzenfresser, meist mit hufähnlichen Krallen.

THYREOPHORA – Vogelbeckensaurier mit Stacheln und Knochenplatten zur Verteidigung, zum Beispiel Stegosaurier und Ankylosaurier.

THEROPODEN – Zweibeinige und fleischfressende Dinosaurier mit Krallen. „Theropod" bedeutet „Beine eines wilden Tieres".

SAUROPODEN – Riesige Vierbeiner mit langen Hälsen, kleinen Köpfen und langen Schwänzen. Sie ernährten sich von Pflanzen.

DINOSAURIER – Landreptilien des Mesozoikums, die aufrecht gingen. Aus ihnen entwickelten sich die Vögel. Das Wort Dinosaurier bedeutet „schreckliche Eidechse" und wurde 1841 von Sir Richard Owen geprägt.

ARCHOSAURIER – Reptilien, die während des Mesozoikums die Erde beherrschten. Zu ihnen gehören Krokodile, Flugsaurier, Dinosaurier (und sogar Vögel).

GRUPPEN, UNTERGRUPPEN, FAMILIEN, UNTERFAMILIEN, ORDNUNGEN, ARTEN – Klassifizierung, durch die Lebewesen unterteilt werden. Je niedriger die Klassifizierung, desto zahlreicher sind die miteinander verwandten Lebensformen.

S. 10/11

TRIAS – Erste Periode des Mesozoikums (vor 251–204 Millionen Jahren), in der sowohl die ersten Dinosaurier als auch die ersten Säugetiere auftauchten.

JURA – Es ist die mittlere Periode des Mesozoikums (vor 204–146 Millionen Jahren). Dinosaurier beherrschen die Erde, auf der erste Blühpflanzen auftauchen.

KREIDE – Die letzte Periode des Mesozoikums (vor 146–65 Millionen Jahren). Sie endet mit einem Massensterben, Dinosaurier und viele andere Tier- und Pflanzenarten sterben aus.

PANGAEA – Sie ist der Superkontinent und umfasst das gesamte Festland. Sie existiert vom Ende des Paläozoikums bis zum Jura.

PANTHALASSA – Der gigantische Ozean, der die Pangaea umgibt und existiert, bis sie zerbricht.

S. 12/13

LAURASIA – Der große nördliche Kontinent, der während des Jura gebildet wurde, entsteht, als die Pangaea in zwei Teile zerbricht. Er umfasst das heutige Nordamerika, Europa, Asien, Grönland und Island.

GONDWANA – Der große südliche Kontinent, der aus der Teilung von Pangaea hervorgegangen ist. Zu ihm gehören das heute Afrika, Indien, Australien und die Antarktis.

K-P-GRENZE – Damals ereignet sich das Massensterben vor 65 Millionen Jahren; zwischen dem Ende der Kreidezeit (K) und dem Beginn des Paläogens (P).

S. 16

FOSSILIEN – Überreste alter Organismen, die zu Stein geworden sind.

S. 18

ZELLULOSE – Wichtigstes Polysaccharid, aus denen Pflanzen bestehen. Seine Verdauung dauert lange und erfordert Mikroorganismen im Verdauungstrakt pflanzenfressender Tiere.

GASTRO-LITHEN – Steine, die manche Tiere schlucken, um harte Pflanzen direkt im Magen zu zermahlen.

S. 27

ORNITHO-MIMEN – Straußenähnliche Dinosaurier mit langen Beinen, die vor 76–65 Millionen Jahren lebten. Sie hatten einen zahnlosen Schnabel und fraßen Fleisch. Der Name bedeutet „Vogelnachahmer".

S. 28/29

KNOCHENPLATTEN Widerstandsfähige Knochenstrukturen, die zum Schutz des Körpers einige Dinosaurier ganz oder teilweise bedeckten.

SCHILDE Mittelgroße bis große Knochenplatten.

PANZER Dinosaurier mit starren Hautstrukturen, die den Körper schützen sollten.

S. 32/22

SCHUPPEN Kleine, rundliche Hautpartien einiger Reptilien.

DAUNEN Viel weicher und kleiner als Federn. Sie bedecken den Körper und halten das Tier warm.

FLAUM Er bedeckt zusammen mit den Daunen den Körper des noch flugunfähigen Jungtiers.

FEDER Sie ist starr und widerstandsfähig. Die Federn befinden sich an Flügeln und Schwanz und ermöglichen das Fliegen. Sehr lange und dünne Federn können auch zum Tasten dienen.

FOSSIL-LAGERSTÄTTE Ort, an dem sich versteinerte Überreste alter Lebewesen befinden.

S. 34

PIGMENTE Natürliche Substanzen, die in lebenden Organismen vorkommen und deren Farbe bestimmen.

S. 37

KRALLEN Scharfe Hornspitzen, typisch bei Raubtieren.

S. 39

SEDIMENTE Ansammlungen von Sand und Schlamm, die Fossilien enthalten können.

S. 40

NISTPLÄTZE Bestimmte Orte, die von verschiedenen Tieren ausgewählt werden, um ein Nest zu bauen und die Jungen aufzuziehen.

S. 45

KATAKLYSMUS Eine plötzliche und verheerende Naturkatastrophe wie ein Erdbeben, ein Vulkanausbruch, eine Überschwemmung oder ein Meteoriteneinschlag.

S. 46

RUDEL Eine Gruppe von Tieren, die zusammenarbeiten, um bei der Jagd oder der Betreuung von Jungtieren erfolgreicher zu sein.

ZUSAMMENARBEIT Eine Aktion, die gegenseitige Hilfe erfordert, um ein gemeinsames Ziel zu erreichen.

S. 48

SEXUALDIMORPHISMUS Unterschiede in den Merkmalen (Größe, Farbe, Vorhandensein oder Nichtvorhandensein von Hörnern usw.) zwischen Männchen und Weibchen derselben Art.

S. 52

SCHLAGFLUG Erfordert den Einsatz kräftiger Brustmuskeln, um die Flügel mit hohem Energieaufwand in Bewegung zu versetzen.

GLEITFLUG Flug, der keine Energie benötigt, weil er nur die Schwerkraft und Luftströmungen ausnutzt.

S. 53

ARBOREALE THEORIE Erklärt den Ursprung des Fliegens unter der Annahme von anfänglichen Gleitflügen von Ast zu Ast.

TERRESTRISCHE THEORIE Erklärt den Ursprung des Fliegens durch Bodenlaufvögel, die zunehmend weit und hoch sprangen.

S. 54

FLUGHAUT Eine Hautmembran, die zwischen Körper und Gliedmaßen gespannt ist und es den Tieren ermöglicht, durch die Luft zu gleiten.

S. 58

KLASSIFIZIERUNG System, mit dem Wissenschaftler alle Lebewesen zuordnen, sie also auf der Grundlage ihrer gemeinsamen Merkmale in Kategorien oder Gruppen einteilen.

S. 62/63

AMMONITEN Frühere Weichtiere mit Tentakeln und einer meist spiralförmigen Schale, die dem heutigen Nautilus ähnelt. Der Name leitet sich von dem ägyptischen Gott Ammon ab, dessen Widderkopf an die Schale dieser Tiere erinnert.

BELEMNITEN Frühere tintenfischähnliche Weichtiere mit einer Innenschale in der typischen Kugelform. Sie waren Raubtiere und wurden ihrerseits von vielen Meeresreptilien gejagt.

T-Rex
Argentinosaurus
Apatosaurus
Maiasaura
Supersaurus
Pachycephalosaurus
Iguanodon
Psittacosaurus
Parasaurolophus
Lambeosaurus

DINOSAURIER

Velociraptor
Utahraptor
Dromaeosaurus
Bajadasaurus
Stegosaurus
Diplodocus
Microraptor
Gallimimus
Sinosauropteryx
Anchiornis

Oviraptor
Ornithomimus
Pentaceratops
Kentrosaurus
Triceratops
Terzinosaurus
Yi qi
Serokonis
Parvicursor
Epidextipteryx

DIE FLUGSAURIER

DIE MEERESREPTILIEN

Giulia De Amicis

Nach ihrem Masterabschluss in Kommunikationsdesign im Jahr 2012 begann Giulia als visuelle Designerin und Illustratorin zu arbeiten. Hauptsächlich beschäftigt sie sich mit der visuellen Präsentation von Informationen für Zeitungen, Zeitschriften und Verbände im Umweltbereich, ihr besonderes Interesse gilt der Meeresökologie, Geografie und den Menschenrechten. In den letzten Jahren hat sie mehrere Titel für White Star Kids illustriert.

Cristina Banfi

Nach ihrem naturwissenschaftlichen Abschluss an der Universität von Mailand unterrichtete sie an verschiedenen Schulen. Seit mehr als 20 Jahren befasst sie sich mit wissenschaftlicher Kommunikation und spielerischer Didaktik. Sie verfügt über verschiedene redaktionelle Erfahrungen im Bildungsbereich, insbesondere für Kinder und Jugendliche. In den letzten Jahren hat sie mehrere Titel für White Star realisiert.

Grafik und Layout
Silvia Galliani

Deutsche Ausgabe veröffentlicht von: © 2020 White Star Srl, Italien,
Lizenznehmer von: National Geographic Partners, LLC.

Übersetzung: Annette Ostlaender, Köln
Lektorat: Brigitta Kook

ISBN 978-88-540-4443-2

1 2 3 4 5 6 24 23 22 21 20

Gedruckt in Italien von Rotolito S.p.A. - Seggiano di Pioltello (Mailand)